멈추지 않는 팽이

멈추지 않는 팽이

최신규 지음

1세대 콘텐츠 리더 최신규의 문화콘텐츠 현장 이야기

마리북스

차례

제5장 | 실패해도 나는 간다

실패에서 얼마나 빨리 일어나 도전하는가가 관건이다

에필로그 | 돈을 버는 기업가가 아니라 창조적인 기업가로 남고 싶다

■ 프롤로그 ■

어떠한 소리에도 놀라지 않는 사자처럼
묵묵히 자신의 길을 가라

벽에 던지면 착 달라붙어 아래로 꿈틀거리며 내려오는 끈끈이, 뒤집으면 톡 하고 튀는 팝콘, 탑블레이드 팽이, 슈퍼스타K 온라인 게임……. 손오공이 만든 히트 상품들이자 지나온 나의 반평생을 이야기해주는 것들이다.

지금의 30·40대 부모들은 팽이를 사달라고 졸라대는 아이들 때문에 탑블레이드를 잘 알 것이다. 또 추억의 장난감 거미 문어 끈끈이와 팝콘점핑아이을 기억하는 분도 많을 것이다. 최근 온 국민을 오디션 열기 속으로 빠뜨린 〈슈퍼스타K3〉 본선 진출을 위한 예선 프로그램인 '슈퍼스타K 온라인'이 한동안 포털 상위 검색어에 오르며 네티즌들의 관심을 받았는데, 이 또한 지난 4년여 동안 각고의 노력을 들여 만들어낸 내 소중한 작품이다.

지금은 작은 소프트파워가 세계를 지배하는 시대이다. 2001~ 2002년, 손오공은 탑블레이드로 전 세계 어린이들의 마음을 사로 잡으며 매출 1조 원을 기록했다. 탑블레이드의 신화는 상상을 초월한다. 질서를 잘 지키기로 소문난 일본의 완구상들이 한국으로 건너와 사재기를 했고, 전 세계 어린이들이 있는 집에서는 팽이 때문에 실랑이하지 않는 집이 없을 정도였다. 나는 작은 팽이를 통해 '아무리 작은 상품이라도 창조적인 발상과 감성으로 승부하면 전 세계 어디서나 통한다'는 자신감을 얻었다.

앞으로의 문화콘텐츠 사업은 완구, 애니메이션, 게임이 융합되어야 빛을 발할 수 있다. 이것은 완구 인생으로 시작한 내 삶을, 게임으로 완성하려는 나의 최종 목표이기도 하다. 내가 지난 몇 년간 수백억 원의 자산을 날리면서도 좌절하지 않고, 게임 개발에 지속적으로 투자를 해온 것도 바로 이 때문이다.

손오공은 완구, 게임, 애니메이션 등을 융합해 상품을 개발하는 세계 유일의 기업이다. 손오공의 이러한 장점 때문에 일본 최고의 완구 기업인 다카라토미를 비롯해 닌자 거북이 제작사인 플레이메이츠사, 바비 인형으로 유명한 마텔사 등 세계 유수의 콘텐츠 제작사들과도 긴밀한 교류를 맺고 있다.

손오공은 현재 팽이 시리즈인 탑블레이드, 메탈블레이드 완구와 애니메이션, 그리고 4년여 개발 끝에 선보이는 새로운 팽이 '마그나렉스'의 출시를 앞두고 있다. 게임 분야에서는 새로운 온라인 놀이

문화를 만들어가려는 나의 철학이 담긴 '슈퍼스타K 온라인'과 '머큐리 레드'로 세계의 포문을 두드리는 중이다.

지금 이 자리에 내가 있기까지 참으로 많은 고난과 역경이 있었다. 세 살 때 아버지가 돌아가시고 어머니가 행상으로 어려운 살림을 꾸려가야 했다. 그래서 나는 초등학교 3학년 1학기밖에 학교를 다니지 못했다. 무학으로 세상을 살기에는, 더욱이 한 회사를 이끌어가는 데는 어려움이 많았다.

어려움은 여기서 그치지 않았다. 회사가 커지고 소문이 나자 집에 7인조 강도단이 들었다. 나는 가족들을 지키기 위해 맨손으로 강도의 칼날을 잡는 사투를 벌였다. 이후에도 우리 가족은 그날의 육체적, 정신적 고통에서 벗어나기 위해 많은 노력을 해야 했다.

지금 생각해보면, 나의 일생은 아스팔트 사이를 비집고 올라온 잡초의 운명처럼 힘겹고 어려운 삶의 연속이었다. 열세 살이라는 어린 나이에 학교를 다니는 대신 금은방에 취직해 세공기술을 배웠고, 이후 제련, 주물, 금형 등의 기술을 익혔다. 그 덕분에 남들은 상상조차 못할 어려움을 겪으면서도 창의력과 기술력으로 승부를 걸어 오늘 이 자리까지 왔다. 하지만 아무리 좋은 기술을 가지고 있더라도 공부를 하지 못한 한계는 분명히 있었다.

여러분은 지금 어떠한 처지에 있든, 자신의 자리에 만족하지 말고 계속 공부해나가라고 간곡히 당부하고 싶다. 젊은 시절의 나는 무학에다 불투명한 미래뿐인 보잘것없는 청년이었다. 하물며 나보다 많이 배운 여러분은 분명 더 큰 일들을 할 수 있을 것이다.

뛰어난 재능을 가지고도 부족한 여건 때문에 어려움을 겪는 분들께 이 책이 작은 위안이 되었으면 한다. 또한 문화콘텐츠 현장에서 겪은 나의 경험과 노하우, 세계 문화콘텐츠 업계의 동향과 정보도 아낌없이 담았다.

사람은 작은 모기 소리에도 놀라곤 한다. 어떠한 소리에도 놀라지 않는 사자의 근엄함을 깨우치며, 내가 맡은 자리가 비록 작고 힘들어도 피하지 않을 것이다. 사회에서 인정받지 못해도 길에서 밟히면 밟힐수록 부드러워지는 질경이처럼, 신발 밑창에서도 살아갈 수 있는 지혜를 터득하며 오늘도 나는 그 길을 간다. 그것이 진정한 CEO의 길이기 때문이다.

2011년 9월 최신규

문화 콘텐츠 산업의 꽃인 창의는 연구로 완성된다

제1장
팽이는 과학이다

문화 콘텐츠 산업의 꽃인 창의는 연구로 완성된다

자존심을 지킬 수 없으면
시작도 마라

건곤일척乾坤一擲의 충돌이 이럴까! 엄청난 속도감과 회전력으로 뱅글뱅글 도는 팽이를 보면서 아이들은 벌린 입을 다물지 못한다. 수면이 갈라지고, 금빛 찬란한 움직임이 물 위를 통통 튕기면서 물살을 뿌린다. 무지갯빛 속에서 튀어나와 손바닥에 앉았다가 벽기둥을 타고 나는 팽이는 그야말로 UFO를 연상시킨다. 쏟아지는 굵은 빗줄기 사이를 헤치고 날아가 상대를 밀어낸다. 경쟁자 팽이는 꽈당! 이 얼마나 통쾌하고 흥미진진한가?

할아버지를 후원자로 둔 손자는 더욱 우쭐해지고, 아빠는 팽이에 대해 잘 아는 척하며 자신의 존재를 알리려고 한다. 누가 정해주지 않아도 무임으로 코치를 자청한다. 아빠와 아이가 전략을 짜느라 머리를 맞대보지만 서로 의견의 맞지 않아 토닥거린다. 그러면 어느새 엄마까지 나선다. 비록 작은 팽이지만 온 가족의 승부욕에 불을 지른다. 할아버지는 손자를 위해 팽이를 정비해주고 온 가족이 아이를 응원한다. 이것은 내가 생각하는 애니메이션 시나리오의 한 장면이다.

작은 팽이로 세계를 석권해보겠다는 내 꿈은 허황된 것일까? 미래의 놀이문화는 좁은 공간에서도 긴장감과 속도, 재미를 느낄 수 있는 것이어야 한다. 나는 주먹을 꽉 쥐었다. 이것은 충분히 실현 가능한 꿈이다. 아니, 현실이다.

팽이야말로 이 시대 최고의 장난감이다

1999년 5월, 일본 도쿄 지바현 마쿠하리메세 컨벤션센터 비즈니스 룸으로 들어서는 내 발걸음은 자신감에 넘쳤다. 5월의 벚나무는 분홍 꽃잎을 모두 떨어뜨린 채 푸른 잎사귀를 찰랑거리고 있었다. 마쿠하리메세 컨벤션센터의 탁 트인 광장에서 불어온 한 줄기 미풍이 머리카락을 살랑 간질였다. 도쿄 토이쇼가 열리는 마쿠하리메세는 기회의 땅이 될 것이다. 내 아이디어가 일본 측과의 협상 테이블에 전달되기 직전이었다. 나는 한국 정서에 맞는 작품을 만들어낼 수 있다는 확신에 차 있었다.

비즈니스 룸에서는 일본 완구회사 다카라의 임원인 와다비키 전무가 나를 기다리고 있었다. 다카라와는 1990년대부터 로봇 완구 분야에서 서로 협력해온 사이였다. 와다비키 전무와 함께 우리의 새로운 파트너 사가 될 미쓰비시의 스요시 카지 부사장을 만났다. 그들은 내가 어떤 제안을 내놓을지 무척 궁금해하는 모습이었다. 그들의 얼굴에서 '그다지 성공하지 못한 팽이를 가지고 뭘 하겠다는 것인가?'라는 속마음을 읽을 수 있었다. 일본 완구업계의 메이저 업체인 다카라는 전 세계에서 크게 성공한 영화 〈트랜스포머〉에 등장하는 로봇의 원제작자이기도 하다. 다카라의 입장에서 팽이는 자신들이 출시한 수많은 제품군 중 하나일 뿐이었다.

하지만 나는 팽이야말로 이 시대 최고의 장난감이라고 확신했다. 땅값은 하루가 다르게 치솟고, 개발이라는 미명하에 하늘 높이 솟아오른 고층 빌딩의 숲에서 아이들이 차지할 공간은 점점 더 줄어들었다. 팽이야말로 좁은 공간에서 아이들이 함께 어울려 즐길 수 있는 장난감이었다. 좁은 골목길은 물론 아파트 거실이나 하물며 작은 밥상 위에서도 가지고 놀 수 있으니, 팽이보다 더 공간을 효율적으로 사용할 수 있는 장난감은 없다고 생각했다.

주변 사람들 역시 "게임 포털이 대세인 시대에 무슨 팽이냐!"라며 내 의견에 반대했다. 그들의 눈에 팽이는 그저 한물간 구식 장난감으로 보였을지 모르지만 나는 달랐다. 팽이로 아이들을 게임 포털에서 끌어낼 수 있다면 부모들의 한숨과 걱정을 한번에 날려버릴 수 있을 것이라고 생각했다. 게다가 도심에서 아이들끼리 어울려 얼굴을 맞대고 노는 것 자체가 소극적이고 내성적인 성격에서 벗어나게 해주는 것이니 그야말로 일거양득이다.

다카라의 베이블레이드를 처음 접했을 때 눈이 번쩍 떠졌다. 바로 이거다! 팽이의 혁명을 가져올 물건이 바로 이것이라는 생각이 강하게 들었다. 로봇 완구의 힘과는 차원이 달랐다. 결정적으로 베이블레이드는 상품으로 출시는 되었지만, 시장에서 이렇다 할 반응을 얻지 못하고 있었다. 그렇기 때문에 다카라는 팽이 상품 외에는 관심이 없었고, 애니메이션에도 더 이상 투자할 계획을 세우지 않고 있었다.

하지만 나는 과감하게 TV 애니메이션을 만들어 시장을 더욱 키워보자는 데까지 생각이 앞서 있었다. 완구의 특성상 TV 애니메이션이 뒷받침되어야 밀리언셀러가 될 수 있다. 나는 베이블레이드를 업그레이드한 새로운 팽이를 알릴 애니메이션이 반드시 필요하다고 생각했다. 내 제안은 한국과 일본이 공동으로 새 팽이와 관련된 애니메이션을 제작하자는 것이었다. 그래서 일본 파트너인 다카라를 중재자로 내세워 애니메이션에 관심이 많은 미쓰비시 그룹의 책임자를 만나게 됐다.

다카라는 예상대로 새 팽이 애니메이션 제작 프로젝트에 투자할 계획이 전혀 없었다. 리스크가 너무 크다고 보았기 때문이다. 미쓰비시 그룹과 나는 이 프로젝트를 위한 컨소시엄을 구성해 서로 리스크를 줄이자는 데 의견을 모았다. 또한 마케팅 노하우는 일본에서 얻어야 한다는 게 내 생각이었다. 나는 프로젝트에 30퍼센트를 투자하겠다고 제안했다. 투자금은 22억 원이지만, 마케팅비와 금형 제작비를 합하면 30억 원이 훨씬 넘는 비용이었다. 당시 우리나라는 IMF로 많은 어려움을 겪던 시기였다. 애니메이션을 한국에서 제작한다는 약속을 받아내면 인력 창출을 할 수 있어 만화업계에도 큰 도움이 될 것이라고 보았다.

미쓰비시는 이 제안을 꽤 매력적으로 받아들였고, 나머지는 일본에서 컨소시엄을 만들어 투자하기로 합의했다. 전 세계에 뻗어 있는 미쓰비시의 지점들을 글로벌 네트워크로 활용할 수도 있고, 캐릭터를 이용한 기업 홍보 전략으로 딱딱한 그룹 이미지를 쇄신할 수 있다는 점 등에서 그들의 소구점과 딱 맞았던 것이다. 당시 우리나라는 기업들이 캐릭터를 사용하지 않았지만 일본은 달랐다.

미쓰비시는 이 프로젝트에 투자하면서 애니메이션 투자 제작 회사인 디라이츠를 자회사로 분사시켰다. 반면 다카라는 투자를 하지 않았기 때문에 별도의 지분은 없었다. 대신 새 팽이가 나오면 일본 내 판매권을 가져가기로 했다. 손오공은 한국에서의 개발권과 판매권에 대한 영구적인 권리를 가지며, 전 세계에서 들어오는 로열티는 투자한 만큼 나눠 갖기로 했다. 초기투자 문제는 손오공과 미쓰비시 컨소시엄이 자본금을 만드는 것으로 정리했다.

다음 회의는 중립 지역인 도쿄 다카라의 사무실에서 열렸다. 회의 의제는 제작 및 기획 문제로 넘어갔다. 새 팽이의 이름은 최고라는 의미를 담아 '탑블레이드'로 결정했다. 그러나 애니메이션 콘셉트를 둘러싸고 한일 간의 시각차가 불거졌다. 손오공과 미쓰비시의 공조마저도 깨질 정도로 서로 엇갈리는 주장을 펼쳤다. 디라이츠의 스요시 카지 부사장은 우리 회사의 기획 내용 가운데 보완해야 할 점이 많다고 불만을 토로했다. 가장 먼저 지적한 문제는 주인공들이 일본 정서에 맞게 기모노를 입어야 하고, 일본 성향에 맞는 배경을 설정해야 한다는 것이었다.

일본 애니메이션은 일본 성향이 뚜렷해야 자국 내에서 성공할 가능성이 크다. 스파이더맨과 엑스맨 등 슈퍼히어로 캐릭터들로 유명한, 북미 최고의 만화 출판사인 마블 코믹스가 일본에서 크게 성공하지 못했던 이유도 일본 정서가 뒷받침되지 않았기 때문이었다. 일본과 미국은 애니메이션 그림에서도 차이를 보였다. 당시 일본은 30분짜리 애니메이션의 그림 매수가 7천~8천 장이고, 미국 디즈니는 1만~1만 1천 장이었다. 미국이나 유럽 지역에서는, 일본 애니메이션은 그림 매수가 적은 만큼 연결이 부드럽지 않아 왠지 완성도가 좀 떨어져 보인다고 평가했다. 그 대신 일본 애니메이션은 빠른 속도감과 박진감이 장점이다.

한편으로는 일본 분위기를 살려야 한다는 일본 파트너 측의 주장을 이해할 만했다. 하지만 일본의 주장대로 기모노와 일본 배경을 받아들인다면, 한국에서는 방송심의 통과도 안 된다. 이것이 1999년 당시의 현실이었다. 이 상품과 애니메이션이 일본에서는 성공하고 한국에서 실패한다면 30억 원이 넘는 거금을 투자할 이유가 어디 있겠는가.

미국이나 유럽에서도 일본색이 짙은 애니메이션은 방송이 잘 안 된다. 나는 "그렇게는 할 수 없다."라며 한 발자국도 물러서지 않았다. 그렇게 제작해서는 한국에서 방송조차 할 수 없을뿐더러 이 애니메이션은 글로벌 프로젝트로 진행해야 한다고 주장했다. 이 프로젝트를 일본 한 나라에서 끝내겠다는 뜻이냐며 일본 측을 압박했다. 다카라와 미쓰비시 측은 당황하는 듯했다. 나는 상대방 입장을 고려해서 일을 처리하는 편이지만 결정적인 문제에서는 양보를 하지 않는다. 그리고 어떤 제의에도 응하지 않는다.

해결방법은 아주 간단했다. 애니메이션의 배경을 도심으로 설정하는 것이었다. 나는 지구촌 어린이들이 모두 공감할 수 있는 배경을 만들자고 제안하고, 만약 이 부분이 수용되지 않는다면 이 프로젝트에서 손을 떼겠다는 의사를 분명히 했다.

결국 한국과 일본이 함께 완구 및 애니메이션의 기획과 시나리오를 맡았다. 일본에 핵심 기획을 다 맡기고, 우리는 그림만 그린다면 OEM 주문생산방식과 다를 게 없었다. 일본은 두뇌고 우리는 손발에 불과하다면 투자할 의미가 없다. 한국이 수출을 많이 할수록 일본과의 무역 역조가 커지는 것도 마찬가지 현상이다. 핵심 부품을 우리 손으로 만들지 못하는 한, 우리는 일본 부품을 조립하고 포장해 파는 처지에서 벗어나지 못한다.

엔딩 크레디트에 한국 스태프의 이름을 올려라

2001년 〈탑블레이드〉가 완성됐을 때도 또 한 차례 논란에 휩싸였

일본 TV 애니메이션 최초로 한국인 스태프의 이름이 등장한 〈탑블레이드〉

다. 나는 엔딩 크레디트에 한국 스태프의 이름이 올라가야 한다고 주장했다. 그때까지 일본 방송 사상 애니메이션에 한국 스태프의 이름이 올라간 적은 단 한 번도 없었다. 그만큼 일본은 한국을 한참 아래로 내려다보고 있었다. 한국을 일본의 OEM 하청 기지로 보는 전형적인 태도였다. 우리가 절반을 만들고도 그 공로를 인정받지 못한다면, 앞으로 제품이 출시될 때도 그들은 고집을 꺾지 않을 게 분명했다.

일본 측에서는 그런 전례가 없어 곤란하다고 했지만, 나는 앞으로도 지속적으로 투자할 텐데 그게 문제가 된다면 어느 누가 공동 제작에 투자하겠느냐며 반박했다. 나는 한국 스태프 이름이 엔딩 크레디트에 올라가지 않는다면 더 이상 진행할 수 없다는 단호한

의사를 전달했다. 통역을 맡았던 장원봉 부사장_{당시 이사}은 그런 나의 고집스러운 행동 때문에 곤혹스러웠을 텐데도 잘 참아냈다. 그렇게 일을 한다면 무슨 동등한 파트너인가! 이 부분만큼은 일본에 한 치도 양보할 생각이 없었다. 이 문제가 해결되지 않으면 공동제작은 아무 의미도 없다. 그래서 싸움도 불사했다.

그 순간만큼은 한국 애니메이션의 자존심을 살리고, 이 기회에 한일 공동제작이라는 사실도 일본 방송에 알리고 싶었다. 그렇게 되면 이번 프로젝트가 미래의 초석이 되고, 한국에서도 인정받을 수 있을 것이라고 생각했다.

고심하던 일본 컨소시엄 위원회가 일본 방송국을 설득해 드디어 한국인 스태프의 이름들이 엔딩 크레디트에 올라가게 되었다. 일본 TV 애니메이션 역사상 처음으로 한국인 이름이 방송에 나가는 일인지라 나는 가슴이 뭉클했다. 박태환 선수나 김연아 선수가 세계 정상에 오른 것처럼 한국이 넘지 못하던 장벽을 깨버린 사건이었다.

한국에서는 SBS 김재영 PD에게 방송제작 정보 등에서 많은 도움을 받았고, 희원애니메이션 김영애 대표에게 제작을 의뢰해 완성도를 높였다.

탑블레이드, 새로운 신화를 써내려가다

〈탑블레이드〉는 2001년 4월 일본에서 먼저 방송했고, 같은 해

9월 한국의 SBS에서 방영했다. 약 6개월의 시차를 두고 방영한 것은 한일 양국의 방송 문화가 달랐기 때문이었다. 또 일본의 마케팅 노하우를 익혀 한국에서 더욱 안전하게 출발하기 위해서이기도 했다.

일본은 TV 애니메이션 방영 주기가 일주일에 한 번이다. 공중파 방송에서 방영되는 애니메이션 편수도 많아, 일본 시청자들은 다음 회가 돌아오는 일주일 동안 기다리는 것을 당연하게 여긴다. 하지만 한국에서 그렇게 했다간 당장에 채널이 돌아간다. 한국은 직접 제작하기보다 주로 외국 애니메이션을 구매해 주 3회 이상 연속적으로 방송하기 때문에, 일주일에 한 편 방송하는 작품은 잘 보지 않는다.

TV 애니메이션뿐 아니라 만화책도 단행본이 한꺼번에 나와야 크게 히트할 수 있다. 찔끔찔끔 나오면 독자는 당장 다른 책을 집어든다. 그런 특성을 고려해 한국에서는 주 2회 방송했다. 〈탑블레이드〉는 방송 일주일 만에 인기 폭발이었다. 곧바로 한국과 일본, 양국에서 난리가 났다. 동방신기나 소녀시대 같은 아이돌 그룹도 탑블레이드만큼 순식간에 인기를 얻지는 못했을 것이다. 전 세계 어린이들이 공감할 수 있는 글로벌 성격의 애니메이션을 만들자는 내 제안이 적중한 순간이었다.

그해 크리스마스 시즌에 어린이 선물가게들에서는 팽이를 미리 확보한 상점만 생존할 수 있을 정도였다. 한일 양국에서 탑블레이드 팽이 품절 사태가 벌어졌다. 완구와 애니메이션의 시너지 효과가 드디어 폭발했던 것이다.

질서를 잘 지키기로 유명한 일본 시장의 폭발적인 반응은 '이성

한국은 물론 일본 시장까지 열광하게 만든 탑블레이드 팽이

을 잃었다.'라는 표현이 적절했다. 일본의 탑블레이드 판매 매장에는 줄이 끝을 모르게 늘어졌다. 한 사람이 팽이를 하나밖에 살 수 없다는 조건이 붙었고, 나중에는 프리미엄도 붙어 없어서 못 팔 정도였다. 그러자 일본 상인들은 한국으로 건너와 탑블레이드를 싹쓸이해 갔다. 이들은 일본에 돌아가서 두 배 이상의 차익을 남겼다. 당시 일본 상인들이 한국의 완구 도매시장에서 완구를 수집해간다는 언론 보도가 나왔는데, 이는 탑블레이드 때문에 빚어진 현상이었다. 한국에서 팽이를 출시하면 한국보다 먼저 일본 상인들이 사가는 기현상이 벌어진 것이다.

일본 공정거래위원회는 "왜 팽이가 프리미엄이 붙어 팔리도록 혼란한 상황을 만들어냈느냐? 상품을 제때 만들어 팔아라."고 다카라에 경고를 했다. 이런 지적은 아무리 받아도 기분 좋은 법이다. 다카라 경영진의 입이 귀에 걸릴 정도였다. 다카라 경영진은 다카라 창립 이래 유례없는 판매로 "정부에서 지적도 자주 받고 있을 정도"라며 거듭 감사의 뜻을 표했다. 일본 기업이 정부로부터 시장을 어지럽힌다는 경고를 받고 기뻐하는 모습은 지금 생각해도 무척 재미있다.

탑블레이드 팽이는 컨테이너로 실어가도 끝이 없고 비행기로 실어가도 수요를 따라가지 못했다. 2001년과 2002년 전 세계 매출이 1조 원에 달했다. 당시 우리나라 완구시장의 전체 규모가 연간 5천억 원이었으니 더 무슨 말이 필요할까. 탑블레이드 팽이 한 품목으로 1조 원어치를 팔았으니 정말 어마어마한 실적이었다.

탑블레이드는 한국 완구와 애니메이션 역사에 새로운 신화를 썼다. 한국의 기획력과 일본의 상업적 감각이 제대로 결합한 모범 사례였다. 세종대학교 한창환 교수는 탑블레이드 성공 사례를 책으로 펴내 학업에 응용할 정도였다. 애니메이션을 일본과 공동으로 제작한 것도 성공의 큰 요인이었다.

팽이로 1조 원,
탑블레이드 운명의 시작

"아이에게 팽이를 몇 개나 사준 줄 아십니까? 그렇게 한꺼번에 자주 만들면 어떡합니까? 이제 그만 만드시죠."

집에 꼬마 아이가 있는 지인들에게 자주 듣는 말이다. 나로서는 기분 좋은 푸념이다. 아이를 둔 부모라면 이 푸념이 어떤 뜻인지 잘 알 것이다. 작은 팽이라고 우습게보면 큰코다친다. 작은 팽이가 세계를 제패할 수 있기 때문이다.

아이들은 기회가 될 때마다 종류별로 팽이를 사 모으기에 바쁘다. 이재익의 소설 《서울대 야구부의 영광》을 보면 이를 연상할 수 있는 장면이 잘 묘사되어 있다. 서울대 야구부 출신의 아빠가 아들 시우와 메탈 베이블레이드 팽이에 대해 이야기를 나누는 장면이다.

시우는 유치원 친구들 이야기를 재잘대다가 팽이 장난감으로 화제를 돌린다.

"아빠! 그라비티 페가수스랑 써멀 퍼시즈가 싸우면 누가 이기는 줄 알아요?"

"글쎄? 누가 이길까?"

"놀라지 마세요. 써멀 퍼시즈가 이겨요."

"우아, 진짜? 정말 그래?"

"네. 〈메탈 베이블레이드〉 37화에 보면 나와요."

요즘 아이들이 열광하는 팽이 싸움 애니메이션의 이야기이다. 이 애니메이션에 등장하는 팽이는 말 그대로 살인적인 인기를 얻고 있다. 5세에서 10세 사이의 남자아이가 있는 집이라면 적게는 대여섯 개에서 많게는 수십 개의 팽이가 거실에 굴러다닐 정도로 인기가 대단하다.

2001년 11월 어느 날, 대형 상점 앞에 줄이 길게 늘어서 있는데 중간에서 다투는 소리가 들려왔다. 이 광경을 그곳을 지나던 유명 일간지의 한 기자 부인이 우연히 보게 되었다. 무슨 일인가 싶어 다가갔다가 팽이 장난감 때문에 어른들이 다투는 것을 보고 혀를 차며 집에 가서 남편한테 그 이야기를 했다. 이틀 후 그 사건이 신문에 대문짝만하게 실렸다. 그 뒤로 다른 신문사와 TV 뉴스에서도 앞다퉈 이를 보도했다. 전 세계 각국의 가정에서 아이와 엄마가 팽이 때문에 승강이를 벌일 정도였으니 이상할 것도 없었다.

아이들에게 팽이를 수십 개씩 사줬다는 푸념을 들을 때마다 나는 "한 종류만 팔면 우리는 뭐 먹고삽니까?" 하고 반문을 하면서 웃으며 답했다. "완구를 가지고 노는 애는 나중에 뭐가 달라도 다를 겁니다." 하며 미안한 마음도 함께 전했다. 이 모든 것이 탑블레이드의 신화가 가져다준 후광이다.

철저한 기획과 과학적 연구로 탄생한 탑블레이드

탑블레이드는 철저한 기획과 과학적 연구로 탄생한 히트작이라고 감히 말하고 싶다. 탑블레이드를 이해하려면 애니메이션을 보는 게 가장 빠르다. 〈탑블레이드〉 1화는 '운명의 시작'이란 제목으로 막을 올린다. 내가 강조한 〈탑블레이드〉의 세계관과 메시지는 1화에 잘 드러나 있다.

주인공 강민은 용의 정신이 깃든 '용신검'을 지닌 검도장 집안에서 자라난다. 그는 동네에선 최강의 탑블레이더로 공격력이 강한 '드래곤'이라는 팽이를 가지고 있다. 어느 날 강민의 동네에 정체불명의 소년 황보가 나타난다. 황보는 이긴 사람이 상대방의 팽이를 빼앗는 조건으로 대결을 벌여 동네의 모든 팽이를 휩쓸어버린다. 황보의 팽이는 중심축을 금속으로 개조한 특제 팽이로, 육중한 무게로 경기장 중앙을 장악해 다가오는 상대방의 팽이를 밖으로 쳐낸다. 동네 소년들 모두 오만한 황보에게 무릎을 꿇는다.

강민과 황보의 대결은 불가피했고 결국 경기를 하게 된다. 여기서 팽이를 대하는 두 소년의 상반된 시각이 나타난다. 수집한 팽이들을 자루에 잔뜩 넣은 황보는 "팽이란 가지고 놀다 낡으면 버리는 도구에 불과해. 이까짓 것!"이라고 말한다. 그러면서 왜 남의 팽이는 죄다 빼앗아버리는 건지. 아주 얄미운 녀석이다. 강민은 다른 소년들을 대신해 "탑블레이드는 같이 싸우며 승리의 기쁨과 패배의 아픔을 함께 느끼는 정신이야!"라고 외친다.

대결을 하루 앞둔 긴장된 상황에서 강민은 자신이 가진 전력으로는 절대 황보의 팽이를 넘어설 수 없다는 판단을 한다. 황보의 팽이를 꺾으려면 현재보다 4배 이상의 회전력이 있어야 한다는 계산이 나왔던 것이다. 강민은 팽이를 감는 와인더를 2배로 늘려서 2배의 회전력을 확보한다. 그런데도 아직 2배가 더 필요하다. 강민은 밤새도록 공중으로 뛰어올라 몸을 비틀면서 팽이를 던지는 훈련을 거듭한다. 멍투성이지만 강민의 전략은 멋지게 적중해 황보의 팽이를 경기장 밖으로 밀어낸다.

그런데 이게 웬일인가. 승리의 기쁨에 도취되기도 전에 황보보다 훨씬 더 강한 팽이를 가진 악당 소년 카이가 나타난다. 카이의 팽이는 강민의 드래곤을 아예 부숴버린다. 이제 용의 기운을 이어받은 우리의 주인공 강민이 가야 할 길이 명확하지 않은가.

〈탑블레이드〉는 주인공 강민의 성장 과정을 보여주는 작품이다. 각 에피소드는 각기 다른 공격력과 방어력을 가진 팽이들을 소개하고 있다. 한 아이가 팽이를 20~30개는 갖게 만들겠다는 전략으로 애니메이션도 이렇게 구성했다. 팽이를 던져놓은 다음에 부딪치게 하는 게 전부라면 아이들은 금세 실증을 낼 게 뻔했다. 친구들과의 팽이 배틀에서 이길 수 없다면 짜증만 나지 않겠는가? 더 강하고 이 지구상에서 나 혼자만 가지고 있는 궁극의 팽이, 그런 팽이라면 아이들은 엄마의 치마를 찢어지게 잡아당겨서라도 손에 넣고 말 것이다.

무한 변신하는 팽이, 메탈 블레이드

오랫동안 기계를 다뤄온 나는 새로운 팽이를 개발하기 위해 연구에 들어갔다. 팽이 부품을 바꿔 낄 수만 있다면 무궁무진한 변이형을 만들 수 있다. 팽이를 새로 사지 않고, 팽이의 약한 부분을 보완해 상대방을 이길 수 있다면 그 쾌감은 몇 배가 된다. 자신의 힘과 전략으로 따낸 승리이기 때문이다. 팽이의 심_{중심축}을 조금만 틀어서 깎으면 움직임이 아예 달라진다. 심의 맨 밑부분이 깎인 팽이는 움직임과 이동 반경이 커진다. 따라서 상대방의 팽이를 쳐내서 배틀에서 유리한 조건으로 싸울 수 있다.

탑블레이드는 기본적으로 청룡, 주작, 현무, 백호 등 네 가지 유형이 있다. 부품을 교체하면 기본형의 변이형이 된다. 팽이의 능력은 공격력, 방어력, 지구력 등 세 가지인데, 팽이마다 각 부문의 능력치를 별 모양의 개수로 표시했다. 부품별로 별 모양이 많은 부품만 모아서 조립해 상대와 싸운다면 훨씬 유리한 건 사실이다.

하지만 각 부품별로 별 모양이 많은 것으로만 조립하면 무게가 너무 무거워서 회전력을 높이는 데 한계가 있다. 덤프트럭이 승용차와 100미터 달리기 경기를 하는 꼴이 될 수도 있다. 그게 바로 묘미다. 여기에 전략이 들어간다. 팽이의 회전력이 약하다고 생각하는 아이는 초기에 게임을 이길 수 있도록 공격력이 높은 부품을 조합한다. 상대가 공격력이 높은 팽이로 나오면 자신은 지구력과 방어력이 우수한 부품으로 조합하는 전략을 구사해야 한다.

탑블레이드의 업그레이드 버전인 메탈 베이블레이드 역시 마찬가지다. 〈메탈 베이블레이드〉는 2009년과 2010년 연이어 TV 시리즈로 방영됐다. 시중에선 메탈 베이블레이드가 탑블레이드를 대체했다. 메탈 블레이드의 경우 갈아 끼울 수 있는 틀의 모양이 훨씬 다양해졌다.

팽이의 틀은 단순한 패션 기능뿐만 아니라 기능적인 측면도 강하다. 틀이 나선형 은하 같은 모양에 뾰족한 끝을 여러 개 갖고 있는 것은 강한 공격력을 갖는다. 틀이 둥글면서 군데군데 마디가 끊어져 있는 것은 방어력이 뛰어나기 때문에 상대방의 팽이에 부딪혀도 슬며시 돌면서 빠져나간다. 틈이 없이 둥글기만 한 틀을 가진 팽이는 공격력과 방어력이 균형을 이룬다.

메탈 베이블레이드가 인기를 끈 이유는 별자리와 동물이 디자인되어 있기 때문이다. 아이들이 가장 갖고 싶어 하는 팽이는 엘드라고다. 이 팽이는 하얀색 용 모양이 디자인되었다. "밤하늘에 있는 별자리만큼 많은 팽이가 있다."라는 내레이션으로 시작하는 〈메탈 베이블레이드〉에서 주인공 강타가 착하게 길들인 팽이 로크레온은

하얀색 용 모양이 디자인된 엘드라고와 사자 모양이 디자인된 로크레온 팽이

사자 모양이다.

애니메이션은 다소 과장되고 유치해야 아이들에게 인기가 있다. 막강한 팽이를 돌리면 회오리바람이 일어나 다른 팽이들을 날려버린다는 식이다. 아이들은 이런 만화적 상상력을 동원해 실제 배틀에서 더욱 재미있게 팽이를 돌린다. 〈메탈 베이블레이드〉는 도전정신을 더욱 강조했다. "승패를 떠나 꼭 한 번 겨뤄보고 싶은 상대를 만나보고 싶다."라는 대사는 이 애니메이션의 주제이기도 하다.

이렇듯 탑블레이드나 메탈 베이블레이드는 기대 이상의 성공을 거두었다. 그런데도 내 마음속에는 항상 뭔지 모를 아쉬움이 있었다. 팽이를 던지고 나서 부딪히게 할 수도 있지만, 어찌 되었든 팽이가 멈춰 쓰러질 때까지 지켜보는 수밖에 없다. 이런 한계를 뛰어넘는 팽이는 없을까? 신이 인간으로부터 숨겨놓은 궁극의 팽이는 없을까?

히트 상품은 언제든 다른 상품으로 대체될 수 있다

경영자는 안이한 방식으로 경영할 수 없다. 시장을 70~80퍼센트 장악한 히트 상품이 있다고 가정하자. 너무 인기가 있어서 시장에서 당분간 이 상품을 대체할 다른 상품이 나오지 않을 것 같은 생각이 들 때도 있다.

그러나 경영진이 그런 생각과 타협하는 순간, 그 회사는 몰락의 길을 걷기 시작한다. 히트 상품은 급격하게 변하는 시장 환경 속에서 언제든 다른 상품으로 대체될 수 있기 때문이다. 미국의 저명한 경제학자 시어도어 레빗은 〈마케팅 근시marketing myopia〉라는 논문에서 그 점을 날카롭게 지적한다.

한때 미국에서 철도 산업은 황금기를 맞았다. 철도 회사들은 자만에 빠져 이 산업을 운송업으로 보지 않고 철도업으로만 국한시켰다. 그 결과 자동차나 비행기 등 다른 교통수단에 자신들의 고객을 빼앗기며 주저앉았다. 보스턴의 한 백만장자는 전 재산을 당시 전도유망한 전차 주식에 영구히 투자할 것을 유언으로 남겼고, 그의 상속자들은 그 덕분에 빈털터리가 됐다.

레빗은 우수한 제품은 가만히 있어도 잘 팔린다는 환상이 기업에 큰 위험이 된다고 덧붙인다. 경영자의 근시안이야말로 기업의 가장 큰 적이다. 경영자는 주력 상품이 언제든지 시장에서 밀려날 수 있음을 대비하고 후속 카드를 미리 준비해야 한다.

몇 년 전부터 나는 이런 고민을 해왔다. 해외 출장차 비행기를 타고 있을 때도 그 생각이 머릿속을 떠나지 않았다. 팽이의 개념 자체를 바꿀 새 팽이는 무엇일까? 나는 새로운 기획에 들어갈 때마다 어린 시절 즐겨 했던 놀이를 떠올리며 아이디어를 얻곤 하는데, 새 팽이 역시 과거의 기억을 되짚으며 어렴풋이 윤곽을 잡아나갔다.

신이 감추어둔 팽이,
마그나렉스

내 방 테이블에는 항상 은색 007 가방이 놓여 있다. 로빈 윌리엄스 주연의 영화 〈토이즈〉에 나오는 CEO의 신기한 장난감 가방처럼 보일지 모른다. 이 가방에는 수년 동안 공들여 개발한 차세대 팽이가 들어 있다. 이 팽이의 이름은 영웅이란 뜻의 '마그나렉스'다. 팽이에 대한 상식의 틀을 깨는 마그나렉스는 탑블레이드의 한계를 극복하기 위해 준비한 비장의 카드다.

아이들이 탑블레이드를 가지고 노는 것을 보면서 어떻게 하면 더 강하고 재미있는 요소를 더 많이 넣을 수 있을까를 수없이 고민했다. 그러다 어릴 때로 다시 돌아가 팽이를 가지고 놀던 기억을 떠올리며, 지금 시대와 딱 맞는 팽이를 만들어야겠다고 마음을 굳혔다.

어릴 때 손바닥에 올려놓았는데도 돌아가는 팽이를 보면서 얼마

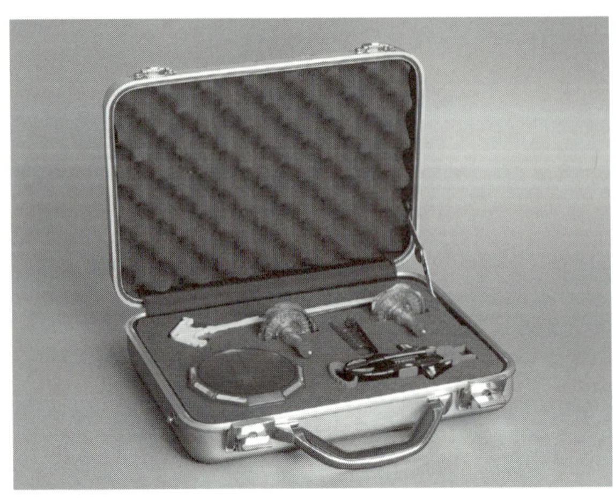

수년 동안 공들여 개발한 차세대 팽이 마그나렉스가 들어 있는 007가방

나 경이로워했던가. 줄을 팽이에 감아 돌리면서 공중에서 내려찍기 배틀을 대신할 수 있게 하는 콘셉트와 손맛이 있는 팽이! 그런 팽이는 나만 가지고 있는 팽이라는 콘셉트에 어울리면서도 팽이의 개념 자체를 바꾸어놓을 혁신 그 자체다.

우산대 돌리기 놀이에서 떠올린 마그나렉스

탑블레이드를 포함한 기존의 팽이는 돌리고 나면 그냥 지켜보고만 있어야 했다. 팽이를 돌리다 보면 실수로 내가 원하지 않은 장소에서 돌 때가 있다. 그럴 때 내가 할 수 있는 것은 기껏해야 팽이에

채찍을 가하고, 팽이끼리 부딪히게 하는 수준이었다.

반면 마그나렉스는 돌고 있는 상태에서 핀셋 같은 집게로 집어 내가 원하는 안전한 장소로 옮길 수 있다. 이렇게 하면 팽이가 움직이는 공간이 좁더라도 아무런 문제가 되지 않는다.

손목에 시계를 차듯 지름 10센티미터 정도의 배틀 판을 찬 아이들은 쌩쌩 도는 마그나렉스를 집어서 상대의 판에 옮겨서 돌게 할 수도 있다. 걷거나 뛰는 상태에서 팽이를 자신의 손목 위에 올려놓고 다른 팽이를 향해 찍게 할 수도 있다. 자신의 손목 위에서 돌아가는 팽이라니, 얼마나 경이로운가! 이동할 수 있는 팽이는 역사상 처음이라고 단언한다.

마그나렉스는 기존의 팽이보다 색상도 화려하고 크기도 다양해 여러 종류의 팽이를 가지고 상대와 전략적으로 대결할 수 있다. 우산을 세워 돌려놓은 것 같은 느낌이 제대로 산다. 마그나렉스에 대한 아이디어는 어린 시절의 놀이에서 떠올렸다. 나는 어릴 때 비가 오는 날이면 우산대를 돌리곤 했다. 우산에서 빗물이 튕겨 나가도록 하는 장난이다.

때론 우산을 돌려서 공중에 띄우기도 했다. 그러면 우산은 공중에서 천천히 돌며 떨어졌다. 마치 영화 〈메리 포핀스〉에서 메리 포핀스가 우산을 타고 하늘에서 빙글빙글 돌며 내려오는 아름납고 우아한 장면처럼 말이다. 카페에서 마시던 음료수도 내게 영감을 주었다. 칵테일이나 주스를 시키면 가끔 나무로 만든 예쁜 우산 장식품이 꽂혀 나오는데, 그 우산 장식품을 돌려보며 마그나렉스의 형

여자 아이와 엄마도 즐길 수 있는 우산대 모양의 팽이 마그나렉스

상을 머릿속에서 구체화했다. 마그나렉스는 이런 우산 돌리기 놀이의 변형인 셈이다.

마그나렉스는 꼬마들로 소비자층을 한정 짓지 않는다는 점도 혁신적이다. 기존의 팽이놀이에서는 엄마가 소외되어 있었다. 하지만 마그나렉스는 여자 아이와 엄마도 충분히 즐길 수 있게 접근성을 더욱 높였다. 팽이 돌리는 방법을 공부하지 않아도 쉽게 돌릴 수 있고, 디자인도 산뜻하고, 집게로 잡을 수도 있기 때문에 팽이를 돌리는 데 어려움이 없다.

여자들이 좋아할 만한 또 다른 이유도 있다. 기존의 팽이는 상대의 팽이와 부딪히면 튕겨나가지만, 마그나렉스는 부딪치면 미끄러지듯 살짝 스쳐 충격이 완화되어 튕겨 나가는 모양새도 우아하다.

부딪치는 소리도 거칠지 않고 듣기에도 좋다. 이처럼 마그나렉스는 팽이는 남자들이 좋아하는 장난감이라는 고정관념을 탈피한, 여자 아이들이 원하는 감성이 담겨 있는 팽이다.

팽이와 솥뚜껑의 만남

상품을 통해 문화를 전파하는 일은 대단히 중요하다. 대한민국은 수출을 통해 G20 국가의 대열에 올랐다. 외국인들도 '메이드 인 코리아' 상품의 우수성을 인정한다. 하지만 문화가 없다면 그걸로 그냥 끝나고 만다. 물건만 잘 만드는 나라일 뿐이다. 대한민국의 문화가 뒷받침되지 않으면 상품 가치를 높이기 어렵다. 대한민국 브랜드가 상승하지 않으면 아무리 잘 만들어도 외국 시장에서 메이드 인 코리아 상품은 일류로 도약하기 어렵다.

나는 팽이를 통해 우리의 문화를 세계에 전파할 수 있다고 확신한다. 그중 하나가 솥뚜껑 배틀 판이다. 요즘은 솥뚜껑을 보기 어렵지만, 내가 어릴 적엔 집집마다 솥뚜껑에서 구수한 냄새가 솟아오르는 모습을 쉽게 볼 수 있었다. 그 솥뚜껑을 뒤집어 놓으면 아주 이상적인 팽이 배틀 판이 된다.

토속적이면서 정감 있는 솥뚜껑 위에서 벌어지는 팽이들의 배틀을 생각해보라. 일반 배틀 판에선 이렇다 할 소리가 없다. 그러나 솥뚜껑 위에서 팽이가 돌 땐 '위잉' 하는 쇳소리가 그리 크진 않지만

'위잉' 쇳소리를 내며 신나게 벌어지는 솥뚜껑 배틀

징소리 못지않게 묵직하게 울린다. 긴 여운을 남기는 소리가 팽이
와 솥뚜껑이 만날 때 만들어지는 것이다.

솥뚜껑의 이미지만큼이나 소리도 우리에게 정감 어린 감성을 전
해준다. 플라스틱과는 결코 비교할 수 없는 소리에 아이들은 새로
운 기쁨을 느낀다. 배틀 판이 다양해지는 만큼 아이들은 다양한 성
능의 팽이와 공간에서 묘미를 만끽하게 된다. 탑블레이드와 마그나
렉스 둘 다 솥뚜껑 배틀 판을 이용할 수 있다. 그렇게 되면 전 세계
어린이들과 장난감 캐릭터 관계자들이 한국의 솥뚜껑에 관심을 갖
게 될 것이다.

마그나렉스의 가능성은 여기서 끝이 아니다. 중국 최대 완구업
체들에서 다양한 사업 제안들을 해오고 있고, 중국 중앙방송CCTV과
연계된 최고의 애니메이션 제작회사인 블루캣 스튜디오에서도 적

극적으로 구애를 해오고 있다. 그러나 손오공이 일본 다카라와 오래도록 쌓아온 관계가 각별하기 때문에 쉽게 응할 수 없는 부분이 있다.

이처럼 외국에서 마그나렉스에 높은 관심을 보이는 이유는 간단하다. 마그나렉스가 기존의 팽이를 대체할 거라는 판단 때문이다. 기존 팽이가 앉은뱅이라면 마그나렉스는 걸어 다니는 사람이다. 또한 마그나렉스는 기존 팽이보다 업그레이드 요소도 훨씬 많다. 초등학교와 태권도장에서 어린이들에게 테스트한 결과, 기존 팽이보다 마그나렉스를 80퍼센트 이상 선호하는 걸로 나왔다.

전 세계인이 함께하는 e스포츠를 위해

마그나렉스의 또 다른 목표는 장인 정신으로 고가의 주문형 맞춤 팽이, 이 세상에 단 하나뿐인 한정판 명품 팽이를 만드는 것이다. 마그나렉스는 주문에 따라 여러 가지 기능을 추가할 수 있게 만들었다. 사용자가 원하는 디자인으로 변형도 가능하다. 기존 팽이보다 훨씬 큰 것도 있고, 디자인이나 기능을 더욱 변형시켰기 때문에 눈에도 훨씬 잘 띈다.

사용자가 직접 가공한다면 나만의 스페셜 팽이로 사람들의 주목을 받을 수 있다. 그러면 희소성 때문에 가치가 더욱 올라가게 될 것이고 팽이 한 개당 호가가 형성될 수도 있다. 더 강하고 멋진 팽이를 갖고자 하는 욕망이 근본적으로 사라지지 않는 한 아이들은 마그나렉스에 열광할 것이다.

나는 오늘도 마그나렉스를 돌린다. 하루에도 몇 번씩 시간만 나면 돌리고 또 돌린다. 끝없이 펼쳐진 무한한 상상 속을 헤집고 다니며 계속 발전시킨다. 팽이가 온 가족의 놀이로, 전 세계인이 함께하는 e스포츠로 태어날 수 있도록 쉼 없이 달리고 있다.

그렇게 되면 성인들을 동심의 세계로 끌어들여 어린이들과 함께 놀이 문화를 즐기며, 서로 소통할 수 있는 장도 만들 수 있을 것이다. 세상 모든 혁신과 진보는 우리의 이상을 끊임없이 발전시키는 것에서 비롯되었다. 나는 놀이 문화의 발전을 위해 작은 것 하나도 소홀하지 않으며, 사명과 책임을 가지고 끊임없이 노력할 것이다.

또 다른 대박을 안겨준
끈끈이

많은 분들이 '최신규' 하면 탑블레이드나 〈하얀 마음 백구〉 등을 떠올리겠지만 그전에도 누구나 알 만한 히트작이 있었다. 바로 끈끈이다. 물컹물컹하고 끈끈한 문어와 거미를 벽이나 유리에 던지면 문어와 거미가 마치 살아 있는 것처럼 조금씩 아래로 내려오는 제품이다. 계속해서 악어 시리즈를 만들어 붐을 이어갔다.

끈끈이는 원래 내가 처음부터 기획한 제품은 아니다. 시중에서 판매되던 끈끈이 제품에 문제가 많다는 언론 보도를 보고, 내가 한 번 제대로 만들어보자 마음먹고 시작한 것이다. 그리고 끈끈이는 내가 완구와 깊은 인연을 맺는 계기가 되었다.

1970년대 중반, 내 나이 열아홉 살에 셋째 형과 함께 신길동 남부

세무서^{현 동작세무서} 바로 뒤쪽에 협성금속이라는 주물공장을 차렸다. 이름이야 번듯하지만 아주 영세한 주물공장에 불과했다. 재래식 공장이라 비가 오면 용광로 밑에 고인 물을 퍼내야 할 정도로 환경이 열악했고 습기가 차면 쇠를 녹이기가 몹시 힘들었다.

여러 가지로 애로사항이 많았지만 미래의 사업 기틀을 만들 꿈의 공장이었기에 시간이 걸리고 힘이 들어도 견딜 수 있었다. 수도꼭지 하나를 만들어 팔면 그 돈으로 다시 주물재료를 사고 녹이기를 반복하면서 공장을 키워나갔다. 회사 이름도 내가 지었고 어설프지만 포장지도 내가 직접 디자인했다. 제품이 완성되면 자전거에 싣고 영업까지 뛰어야 하는 고달픈 나날이었다. 그래도 시간이 흐르면서 수도꼭지 전문 제조회사로 인정받아 사업이 조금씩 나아졌다.

그런데 1980년 갑자기 위기가 찾아왔다. 1978년에 발표된 정부 시행령으로 주물공장 같은 회사는 취약지구로 지정돼, 서울 시내에 있는 가내공업 회사는 1980년까지 반월공단 등의 지정된 장소로 자리를 옮겨야 했다. 거기다 1979년 박정희 대통령의 갑작스런 서거로 경제 한파까지 몰아쳤다. 온 나라가 혼란에 빠져 대출이고 허가고 모두 멈춰진 상태라 일하는 터전을 잃게 된 우리에겐 이보다 더 큰 위기가 없었다. 주위에서는 하루가 멀다 하고 부도 소식이 들려왔다. 그 당시 반월공단에서 대우중공업만 부도가 나지 않았을 정도니 우리같이 영세한 주물공장은 말할 것도 없었다. 강제 이전만 있고 정부 지원은 없어 모두 갈 길을 잃었다.

한 1년을 허송세월하다 우리는 할 수 없이 출퇴근하기도 어려운 경기도 신앙촌 근방 계수리로 주물공장을 옮겼다. 이후 형은 개봉동에서 다이캐스팅die casting, 자동화된 금속형 주조법 공장을 하면서 연탄가스 배출기, 녹즙기, 야외용 가스버너 등에 들어가는 다양한 부품을 생산 납품했고, 나는 업종을 변경해 플라스틱 완제품을 만들었다.

업종을 변경한 이유는 형제 간의 경쟁을 피하기 위해서였다. 영업에 능한 내가 형보다 유리했지만, 똑같은 기술을 가지고 형제끼리 경쟁한다는 것은 부담이었다. 형제가 함께 운영하던 다른 주물공장에서 동생이 분사한 뒤 형제끼리 다투며 경쟁하는 모습을 보곤 이를 반면교사反面敎師로 삼았다. 큰집, 작은집이 전쟁을 불사할 정도로 심하게 싸워 집안이 파탄 나는 것을 보니 느끼는 바가 있었다.

끈끈이를 아시나요?

나는 어려서부터 남이 못 만들고 포기하는 것을 보면 기필코 만들어 보이고 말겠다는 욕심이 있었다. 당구를 쳐도 남들이 치지 않는 묘수로 쳤다. 그런 나를 보며 친구들은 후루꾸후루꾸는 영어 fluke의 일본식 발음으로 정식 기술로 친 게 아니라 어쩌다 맞은 요행수라는 의미다로 친다고 핀잔을 주곤 했다.

1983년, 한 업자가 내게 완구 자동판매기 부품을 만들어달라는 의뢰를 해왔다. 다른 업자가 개발하다가 실패를 했다는 것이다. 나는 며칠 밤을 설치며 매달린 끝에 부품 개발에 성공했다. 그러자 이

번에는 아예 기계 전체를 만들어달라고 주문해왔다. 이 일을 계기로 나는 장난감에 대해 관심을 갖게 되었다.

그 이후 2년쯤 지났을 때, 끈끈이 장난감들이 한창 인기를 끌었다. 그런데 인기가 많다 보니 여기저기서 문제가 터져나왔다. 시중에서 팔리는 끈끈이는 안전성 검증이 안 되고, 어린이들이 가지고 노는 장난감인데 독성이 있다는 뉴스가 보도된 것이다. 더욱이 유리에 달라붙은 끈끈이 자국은 주부들에겐 골칫거리였다. 그 뉴스를 보고 내가 한번 제대로 만들어봐야겠다는 생각이 떠올랐다. 조악한 제품을 보완해 새롭게 만든다면 히트 상품이 될 것 같았다. 무작정 연구에 돌입했다. 내가 아는 지식이라고는 기존의 끈끈이는 발암물질이 많은 PVC 가루를 섞어 만들었다는 것과 아이들 피부에 닿으면 가려움을 유발하는 독성이 많다는 것뿐이었다.

조그만 책상 하나 들어가고 세 사람이 겨우 누울 수 있는 사글셋방 부엌에서 연탄불에 재료를 녹이느라 숱하게 화상을 입었다. 화학재료가 튀면서 운동화에 구멍이 났고, 수없이 테스트를 하면서 밤을 지새웠다. 화학물질에서 하얀 가스가 발생하면서 순간 불이 확 붙어 간이 콩알만 해진 적도 있었다. 냄비에 재료를 섞는 과정에서 일어난 사고였다. 한번은 냄비가 열에 못 이겨 까만 연기를 피워올리며 독한 냄새를 내뿜는 바람에 동네에서 항의가 들어왔다. 어렵게 얻은 셋방에서 쫓겨날 위기에 몰린 적도 여러 차례 있었다. 나중에는 주인집 며느리가 제발 나가달라고 사정을 할 정도였다. 그래도 주인집 할머니가 젊은이가 뭘 해보려고 그러는 것이니 좀 봐

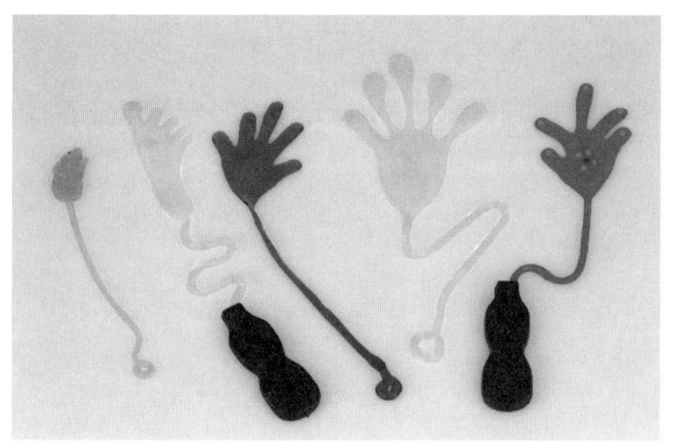

주라고 며느리를 달래 겨우 머물 수 있었다.

그렇게 수차례 실험을 거듭하다가 드디어 의료계에서 사용하는 크레이톤이라는 재질을 찾게 되었다. 거기에 에스테르검을 혼합해 독성이 없고 자국도 안 남는 끈끈이를 개발하는 데 성공했다. 기존의 문제점을 완전히 보완한 상품이었다. 국내에서 완제품을 직접 만들기 때문에 상황에 따라 다양한 제품을 만들기도 쉽고 관리하기도 좋았다.

제품은 시장에 내놓기가 무섭게 팔려나가 수요를 따라가지 못할 정도였다. 흔히 시장에서 말하는 독점 상품이 되었다. 다들 재료를 어디서 사야 하는지도 몰랐고, 설사 구매를 했다 하더라도 혼합 방법을 알지 못했다. 적정한 혼합 비율은 직접 해보지 않으면 결코 터득할 수 없기 때문이다. 일하는 자체가 독보적인 노하우였다. 이는 반대로 말하면 다들 나만큼 연구하지 않았기 때문에 못 만들었다고 할 수 있다. 그리고 나를 믿고 말없이 도와주었던 분들이 있었기에 가능했다. 당시 특수재료 전문가였던 박원규 한국TR 대표[당시 전무]와 김동식 진아무역 대표[당시 대리]는 이것도 아니다, 저것도 아니라며 귀찮게 구는 나에게 셀 수 없을 정도로 많은 샘플 재료를 수급해주었다.

뒤집으면 톡 하고 튀는 장난감 팝콘

뒤집으면 톡 하고 튀는 팝콘이라는 장난감도 또 하나의 히트작이다. 팝콘은 당시 약 1,300만 개나 팔렸다. 각 학교 교무실마다 학생들로부터 압수한 팝콘이 수북이 쌓였고, 그 보고가 교육부로 전달돼 MBC에서 취재에 나서게 됐다. MBC 9시 뉴스에서 이득렬 아나운서의 "이제 이런 제품은 그만 만들었으면 좋겠다."라는 멘트가 뉴스의 마지막을 장식하며 울려 퍼지던 장면이 지금도 기억에 생생하다. 그래도 한국화학연구소에서 실험 검사를 거쳐 만들어진 독성이 없는 것이었기에 당당하게 팔 수 있었다.

팝콘을 만들게 된 동기가 재미있다. 양남동 뒷골목에 있는 성진상사라는 특수재료 업체가 수요를 잘못 예측해 대량 수입한 재료가 있었는데 잘 안 팔리는 바람에 부도가 날 지경이었다. 사장은 부도를 막아볼 요량으로 내게 싸게라도 가져가라고 사정을 했다.

MBC 뉴스의 마지막을 장식한 유명인사, 팝콘

그 재료로 아이디어를 짜내 만든 제품이 바로 팝콘이다. 팝콘이 성공한 덕분에 그 재료의 가격은 폭발적으로 뛰었다.

나는 이러한 경험을 통해 독창적인 상품을 개발하면 아무리 작은 업체라도 시장을 장악할 수 있다는 깨달음을 얻었다. 개발 아이디어가 좋으면 자본이나 영업력 등을 극복할 수 있다는 자신감도 생겼다. 그때 얻은 자신감이 내 인생의 가장 큰 재산이었는지도 모른다. 현실이 아무리 힘들어도 자신감만 있다면 그 어떤 벽도 넘을 수 있다. 하지만 그 자신감은 그냥 얻어지는 게 아니다. 일에 대한 집중력이 몸에 밴 행동이 우러나와, 남들이 나를 보고 미련하게 산다고 말할 정도가 될 때 비로소 내 것이 된다.

우리의 삶엔
여의봉이 필요하다

왜 회사 이름이 '손오공'이냐고 물어보는 사람들이 많다. 처음엔 '도깨비'로 하려고 했다. 도깨비 방망이만 있으면 원하는 대로 다 되기 때문이다. 어린이들의 바람이 방망이에 들어 있는 셈이다. 그런데 왠지 도깨비로 이름을 붙이자니 마음 한구석에 걸리는 것이 있었다. 갑자기 완구업계에 혜성처럼 나타나 '도깨비 같은 놈'이라고 놀림을 받을까 봐 망설여졌다. 그래도 내가 만든 '도깨비 손'이라는 끈끈이 제품이 워낙 히트해서 나는 도깨비라는 이름에 애정이 많았다.

어느 날 퇴근 후 집에서 곰곰이 생각하다 반짝 떠오른 이름이 있었다. 도깨비 방망이 못지않은 것이었다. 손오공은 《서유기》에서 온갖 재주를 부리며 모험을 즐기는 화과산 원숭이 왕을 가리킨다.

손오공에겐 이 세상에 하나밖에 없는 독특한 무기, 여의봉이 있다.

여의봉은 어른 아이 남녀 구분 없이 누구나 갖고 싶은 꿈의 무기일 것이다. 손오공과 여의봉은 세상 사람들에게 꿈을 심어주고 희망을 불어넣어줄 뿐만 아니라 어려운 처지에 놓인 사람들을 지켜줄 수도 있다. 어린이들과도 잘 어울린다. 도깨비보단 훨씬 부드럽고 개구쟁이 같은 느낌이 친근감을 준다. 게다가 어린이가 갖고 싶어하는 여의봉은 도깨비 방망이를 대체할 수 있다. 아이들에게 친근한 분위기는 물론 아이들의 꿈과 희망이 여기에 다 들어 있다. 나 역시 어린 시절 만화와 애니메이션을 보며 키운 상상력과 감성 덕분에 지금의 손오공이라는 회사가 있다고 생각한다.

황금박쥐의 지팡이에서 마법이 시작되다

손오공이란 회사의 탄생에 가장 큰 영향을 준 작품은 1968년 TBC에서 방영한 TV 애니메이션 〈황금박쥐〉다. 당시 열세 살이던 나는 〈황금박쥐〉에 흠뻑 빠져들었다.

여주인공 메리가 "황금박쥐, 도와줘!"라고 외치며 눈물을 떨어뜨리는 순간, 눈물방울 속에서 황금박쥐가 날아오르며 "으하하하하!"라는 웃음소리와 함께 해골 가면을 쓴 정의의 사도가 나타난다. 한 손엔 구슬이 박힌 지팡이를 들고 하늘에서 망토를 펄럭이며 악당을 물리친다.

내 마음속에서 황금박쥐는 구원자 같은 존재였다. 나는 메리를 친구로 생각했고, 상상 속에서 황금박쥐로 변신해보기도 했다. 그는 악당들이 메리를 해치거나 납치하려고 하면 어김없이 나타나 도와주곤 사라졌다. 그에겐 안 되는 일이 없었다.

황금박쥐는 항상 구슬이 박힌 지팡이를 가지고 다녔다. 이 지팡이는 강력한 회오리를 일으키고 광선을 발사했다. 황금박쥐가 적과 육탄전을 벌일 때는 때리고 찌르는 무기로 변하기도 했다. 손오공의 여의봉과 황금박쥐의 지팡이에서 마법이 시작된다. 나는 그 마법이 내게도 일어나기를 꿈꿨다.

나는 〈황금박쥐〉를 빠짐없이 보았다. 당시 우리 집엔 TV가 없었지만 나름대로 다 보는 방법이 있었다. 만화방에 만화를 보러 가면 주인아저씨가 조그만 쪽지에 도장을 찍어주었다. 요즘 커피전문점에서 커피를 마시면 도장을 찍어주는 것과 같은 개념이다. 도장을 몇 개 모으면 만화방에서 TV를 볼 수 있었다. 그때의 나에겐 저녁 시간에 30분씩 〈황금박쥐〉를 보는 게 크나큰 낙이었다. 이후 금은방에서 일하게 됐는데 주인집 아이를 돌보면서 흑백 TV로 〈황금박쥐〉를 시청하곤 했다.

〈황금박쥐〉가 인기몰이를 하면서 TV 애니메이션이 전성기를 맞았다. 〈우주소년 아톰〉에 이어 〈마징가Z〉가 폭발적인 인기를 얻었다. "기운 센 천하장사, 무쇠로 만든 로봇……."이란 주제가에 열광하지 않는 어린이와 청소년은 없었다. 밤에 집으로 돌아갈 땐 만화영화 주제가를 부르며 빈 도시락을 들고 마징가Z처럼 주먹을 쥐고 갔던 기억이 난다. 꿈속에선 내가 만화 주인공이 되어 날아다녔다.

나는 컴퓨터에만 익숙한 요즘 아이들을 밖으로 끌어내 친구들과 같이 어울려 노는 놀이문화를 만들어낼 수 있는 것이 만화, 애니메이션, 완구라고 생각한다. 이 세 가지는 아이들의 상상력을 키울 수 있게 뇌를 훈련시킨다. 외국에선 완구가 어릴 적부터 아이들에게 그 나라의 정서를 가르쳐주고 창의력을 키워준다고 믿기 때문에, 완구를 만드는 사람들이 사회적으로 인정받는다.

21세기형 로보트 태권V를 기대하며

〈마징가Z〉에 이어 등장한 애니메이션이 〈로보트 태권V〉다. 1976년, 나는 이미 성인이 되었지만 호기심이 발동해 영등포 극장으로 가서 〈로보트 태권V〉를 정말 재미있게 보았다. 그 당시에는 로봇 애니메이션 자체가 거의 없어서 더 재미있었던 것 같다.

로보트 태권V는 대한민국을 대표하는 로봇이 됐지만 어디선가 많이 본 것 같은 느낌을 지울 수 없다. 그것이 로보트 태권V가 가진 아킬레스건이다. 외국에선 로보트 태권V가 어딘지 모르게 자신들이 알고 있는 로봇과 닮았다고 생각할 것이다. 저작권이 지구촌 최고의 관심사로 떠오른 지금 상황에서 혹여 이것 때문에 다른 나라들이 한국을 좋지 않은 시각으로 보게 될까 걱정스럽다.

나는 누구보다도 로보트 태권V에 애정을 가진 사람이다. 내 휴

대한민국을 대표하는 로봇, 로보트 태권V

대전화 벨 소리는 〈로보트 태권V〉 주제가다. 그리고 손오공은 로보트 태권V의 완구 머천다이징 대행을 맡고 있고, 로보트 태권V의 새로운 피규어 인형도 개발 중이다.

오랫동안 로보트 태권V의 정체성에 대해 고민하다가 로보트 태권V의 피규어 인형을 두 가지 형태로 만들어보았다. 우리가 아는 원래의 로보트 태권V와 몸체 스타일에 변화를 준 로보트 태권V다. 두 가지 타입의 로보트 태권V를 본 사람들의 반응은 제각각이다. 전자가 좋다는 쪽, 후자가 낫다는 쪽으로 의견이 갈린다.

나는 로보트 태권V가 변화해야 한다고 생각한다. 물론 로보트 태권V의 얼굴을 바꿀 수는 없지만 나머지 부분은 변화가 필요하다. 로보트 태권V가 21세기형으로 진화한다는 것은 자연스러운 일이다. 만약 로보트 태권V가 원래 형태를 고수한다면, 앞에서 말했듯이 발목을 잡고 있는 저작권 문제를 해결할 수 없다. 진화한 로보트 태권V가 성공한다면 앞으로도 대한민국을 대표하는 로봇으로 남을 수 있다.

나는 전 세계 로봇 애니메이션을 거의 다 보았다. 영화 〈트랜스포머〉가 화제가 되면서 로봇물은 이제 정점에 이르른 듯하다. 애니메이션을 예쁘고 멋지게 그리는 부분에서 인류는 경지에 도달했다. 더 이상 잘 그릴 여지는 별로 없다고 본다. 노래도 마찬가지다. 더 이상의 진화는 없다. 이제는 누가 정리를 잘하느냐의 싸움이다.

로봇 완구 역시 겉모양이 어떻게 바뀌느냐의 문제일 뿐 메커니즘 자체를 더 발전시키기는 어렵다. 〈트랜스포머〉가 변신 로봇 바람을 불러일으켰다면, 〈기동전사 건담〉은 로봇에 각종 무기를 붙이는 메커니즘을 도입했다. 그렇다면 이제는 움직이는 로봇 완구를 만들면 되지 않느냐고 묻는 독자가 있을지 모르겠다.

움직이는 로봇은 완구로는 한계가 있다. 완구는 '싸고 좋고 재미있어야 한다.'는 법칙에서 벗어나기 어렵다. 움직이는 로봇은 경제적으로 수지타산이 맞지 않는다. 억대 로봇 완구를 만들어내라면 할 수 있다. 그러나 수요가 따라주지 않기 때문에 진행할 수 없다. 완구는 아이들에겐 잠시 스쳐 지나가는 놀이의 성격이 강하기 때문에 사이클을 심하게 탄다.

　나는 우리의 삶에도 여의봉이 필요하다고 믿는다. 인생에 마법과 같은 일 혹은 마법처럼 즐거운 일이나 나만의 구원자가 없다면 무슨 낙으로 살아갈 것인가. 어떤 사람은 종교를, 어떤 사람은 돈을 여의봉이라 생각할지 모른다. 나는 사업을 하면서 사람에게 실망한 적은 있지만 내가 쥔 여의봉을 한 번도 후회해본 적은 없다. 지금도 할 일이 너무나 많다. 아직 여의봉을 해저 2만 리부터 우주까지 쭉쭉 늘어나게 해보지도 못했으니까.

기술이 있어도
공부해라

젊은이들에게 당부하고 싶은 말이 있다. "기술이 있더라도 공부하라." 내가 어렸을 때는 '개천에서 용났다.'라는 말을 많이 했다. 하지만 요즘 우리의 현실 속에는 더 이상 통용되지 않는다. 그만큼 생활수준이 높아졌고 경쟁이 치열하다는 뜻이다.

어려운 집안 형편 때문에 사실상 초등학교 3학년 1학기의 학력이 전부인 내가 살아오며 절실히 느낀 것이 공부의 중요성이었다. '지금까지 살아오면서 무엇이 가장 후회가 됩니까?'라는 설문조사에서 1위가 '공부를 더 하지 못한 것'이라는 대답이었다. 이 결과만 봐도 내 생각이 맞는 게 분명하다.

공부를 안 하면 똑같은 길을 가도 두세 배는 더 힘들다. 이는 지난날의 경험으로 몸소 깨달은 것이다. 내가 기초 교육을 제대로 받았더라면 일을 하는 데 시행착오가 훨씬 줄었을 것이다. 부모님이 항상 "공부해라, 공부해라." 하는 것도 모두 내 자식들만큼은 자신들이 겪은 시행착오를 겪지 않았으면 하는 바람에서 하는 말이다. 아는 게 있으면 자신에게 닥친 상황을 헤쳐나가기가 훨씬 쉽다.

학력 대신 몸으로 채우며 살아가지 마라

기러기들은 V자 대형을 이루어 비행한다. V자 대형을 이루면 앞장서서 날아가는 새가 형성한 상승 기류를 뒤따르는 새들이 이용할 수 있을 뿐 아니라 앞서거니 뒤서거니 하면서 리더를 교체해 서로 부담을 줄여준다. 조류학자들의 말에 따르면 V자 대형으로 나는 기러기는 혼자 나는 기러기보다 71퍼센트 정도 더 날 수 있다고 한다. 우리 인생 역시 철새들의 비행과 마찬가지로 장거리 여행이다.

그러니 학교에서 많은 사람을 사귀어야 한다. 친구가 많으면 힘든 상황에 처했을 때 다른 경쟁자보다 빠르게 대처할 수 있다. 문제 해결을 위해 필요한 정보나 사람을 소개받고 조언을 듣는 일이 얼마나 큰 힘이 되는지 모른다. 초등학교부터 대학교까지 학연과 지연 등으로 이어져 관계를 맺고 있는 주위 사람들을 보면 나 같은 사람은 부러울 따름이다. 이러한 네트워크가 없는 사람은 외로움과 고립감이 밀려들어 심적으로도 무척 괴롭다.

친구뿐만이 아니다. 공문서를 작성할 때면 나는 늘 학력을 써넣는 부분 때문에 마음이 불편했다. 솔직히 허위 학력을 기재하고 싶은 충동에 흔들린 적도 많다. '무학無學'이라고 적어 넣은 서류를 내밀 때마다 불안하고 자신이 없어 고개가 저절로 떨어졌다. 배운 것처럼 흉내를 냈다면 그 오랜 세월을 어찌 감당할 수 있었겠나.

모임 등에 가입할 때도 쭈뼛거리게 된다. 사회생활을 하다 보면 가장 먼저 묻는 것이 출신 학교와 학번이다. 이런 질문을 받으면 말을 머뭇거리게 된다. 또한 지식이 부족하면 나이를 먹을수록 점점 더 서류 보는 것을 멀리하게 된다. 학력이 부족하면 학력 대신 몸으로 채우며 살아야 한다. 이것이 얼마나 힘든지를 체험한 나로서는 젊은이들에게 기술이 있어도 공부를 하라고 강조하고 싶다.

공부는 자신감의 원동력이다

일을 하면서 자신감 부족에서 오는 심리적인 불안감 때문에 제 실력을 발휘하지 못하는 사람들을 많이 보아왔다. 심리 게임이라고 하는 야구에서도 물리적, 육체적 측면보다는 정신적, 심리적인 측면을 더 강조하지 않는가. 사람들을 많이 만나 이야기를 많이 하다 보면 자신도 모르게 화술도 늘고 표현력도 당당해진다.

간혹 온라인 게임 개발자들과 간담회를 할 때가 있는데, 말하는 것과 일하는 것이 확연히 다르다는 점을 느끼게 된다. 화술은 부족

해도 상상력이 풍부해 손으로 남다른 재능을 발휘하는 사람도 의외
로 많다. 만약 이런 사람들이 일반 회사에서 면접을 본다면 탈락할
확률이 높다. 화술이 부족해 다른 사람에 비해 부족하게 보일 수 있
기 때문이다.

어느 날, 나이 든 한 임원이 어떤 엔지니어에 대해 몹시 화를 내
며 "회사 분위기를 흐려놓을 뿐만 아니라 싸가지가 없으니 회사에
서 퇴출시켜야 한다."라고 보고를 해왔다. 그 말을 듣고 그 엔지니
어를 불러 면담을 했다. 대화를 해보니 순수하고 실력도 대단한 친
구였다. 다만 말하는 태도와 행동 면에서 사회성이 좀 떨어져 보였
다. 나는 기술자 출신이라 그 친구의 특성을 금방 이해할 수 있었지
만, 관리자의 측면에서 본다면 잘 이해하지 못할 법도 했다.

아무리 뛰어난 능력이 있더라도 사회생활을 하는 데 필요한 기
본적인 소양들은 갖추어야 한다. 자신이 생각하기에 모자라는 부분
이 있다면, 항상 공부하는 자세로 노력하다 보면 언젠가는 극복할
수 있다.

내 경우 2003년 한양대학교에서 명예박사 학위를 받고서 자신
감이 한층 늘었다. 한양대학교 김종량 총장님이 신문에 난 기사를
액자로 만들어주어 그것을 지금까지 귀중하게 보관하고 있다.

어느 날 삼성동 코엑스 호텔 로비에서 우연히 김종량 총장님을
만났는데, 내 손을 꼭 잡으며 "최 박사님! 어쩐 일이세요?" 하면서
반갑게 맞아주었다. 처음으로 들어보는 "박사님!" 소리에 뭐라 말
할 수 없는 감격이 온몸을 휘감았다. 한양대학교 총장님이 인정해

한양대학교에서 명예박사 학위를 받다.

준다는 것이 내겐 얼마나 힘이 되고 희망을 품게 했는지 모른다.

그 이후 세상이 더 넓어 보이고 모든 일에서 정의롭고 명예롭게 행동해야 한다는 마음을 가졌다. 그때의 기억은 언제나 내 마음의 중심에 단단히 자리 잡고 있어, 어떠한 결정과 결단을 해야 하는 순간에 놓이면 당당한 자신감과 확신이 생기곤 한다.

자기만의 기술을 관리하며 연구 기록을 남겨야 한다

젊은 시절엔 자칫 기술이 있으니 공부를 안 해도 된다는 생각에 빠질 수 있다. 학교 다닐 때 공부를 잘했다고 사회에서 성공하는 게 아니듯, 기술 또한 체계적인 연구와 축적을 통해 발전해나간다.

'티끌 모아 태산이다.'라는 속담도 있지 않은가. 작은 것들이 하나둘 모여 쌓이면 경제 성장의 동력이 된다. 너무 가파르게 급성장하다 보면 작은 것을 놓치기 십상이다. 요즘 젊은 사람들은 너무 큰 것에만 관심을 두어 작은 것들이 보이지 않을지 모르지만, 누군가는 이런 작은 일들도 책임지고 해야 한다. 힘들다고 해서 아예 손을 놓고 있으면 언젠가는 절실히 필요할 때가 온다.

앞으로는 개성이 더욱 뚜렷한 시대여서 같은 물건이라도 자기만의 특색이 있는 것을 갖고 싶어 하는 맞춤형 상품이 인기를 끌 것이다. 우리 회사에서는 특출난 재능이 있는 사람들을 모아서 회사 차원에서 그 재능들을 전수해나가고 있다.

기술자도 자기 자만심에 빠져 방심하면 안 된다. 기술을 꾸준히 관리하면서 연구 기록도 끊임없이 남겨야 한다. 학교에서 배운 것과 현장에서 체험한 것이 얼마나 다른지는 경험해본 사람들이라면 잘 알 것이다. 기술적인 자료들을 관리하지 않으면 언젠가 잊어버리게 된다.

열심히 공부한 친구들은 시작 단계에서는 비록 실무가 부족하더라도 한번 익히기 시작하면 나중에는 업무를 익히는 속도가 급속도로 빨라진다. 자료를 정리하는 능력과 집중력이 훨씬 뛰어나기 때문이다. 내가 30여 년 동안 회사를 경영하면서 몸에 익힌 것들을 회사에 응용하듯, 공부로 익힌 것도 결국은 실무에 응용되게 마련이다.

공부하는 데 결코 늦은 때란 없다. 한평생 다 배울 수는 없지만 자신이 필요하다고 생각하면 지금 당장 시작해야 한다. 자신의 관심 분야를 공부하면 그만큼 머리에 잘 들어온다. 관심 분야가 아니더라도 한 번 정도 훑어보면, 내가 미처 깨닫지 못한 작은 단서가 거대한 아이디어로 발전할 수도 있다.

요즘은 트위터, 페이스북에서 나이와 관계없이 여러 사람들이 모여 서로 정보를 주고받으며 소통을 한다. 하지만 내 경험으로 볼 때 그것만으로는 부족하다. 평생 공부를 해도 다 할 수 없다는 말을 새기며, 오늘도 나는 부족한 공부를 메우기 위해서 책을 읽는다. 옛말에 '독서백편 의자현讀書百遍 意自見'이라 했다. 책을 백 번 읽으면 그 뜻이 보인다는 말이다. 끈질기게 노력하고 공부하는 사람을 당해낼 수 없는 것이 세상 이치다.

제2장

콘텐츠 사업은 감각이다

대박의 비결은 '놀고 싶은 아이들의 마음'과 소통하는 것이다

감각을 키우는 것도
능력이다

콘텐츠 사업은 노력만으로는 한계가 있다. 감각이 무엇보다도 중요하다. 감각이 부족하다고 생각한다면 감각을 키우는 수밖에 없다. 나는 유리창이 깨지면서 내는 소리를 오선지로 옮겨본 적도 있다. '쨍그랑!' 하는 소리를 음률로 쳐보면 신비로운 음악소리로 바뀐다. 콘텐츠를 만든다는 것은 이런 것이다. 내 주변에 있는 것, 내 가까이 있는 것부터 주의 깊게 관심을 가지다 보면 어느새 콘텐츠를 만들어내는 사람이 되어 있을 것이다.

나는 생각이 막힐 때 어린 시절 내가 즐겨 했던 놀이를 떠올리곤 한다. 아무리 세월이 변해도 놀고 싶은 아이들의 마음은 똑같기 때문이다. 어릴 때 하고 싶은 대로 못해 아쉬웠던 놀이를 생각하면 문제가 금방 풀린다.

물론 내가 어릴 적 가지고 놀던 것들은 지금 시대와는 맞지 않다. 대신 요즘 시대에 맞게 놀이를 응용하고 변형하면 새로운 상품을 끊임없이 만들어낼 수 있다. 옛날 놀이에 현대적인 감각을 입히면 이 또한 요즘 아이들 좋아하는 훌륭한 콘텐츠가 될 수 있다. 한 가지 예를 들어보면, 예전에 겨울이 오면 곳곳에 있던 얼음판을 방바닥으로 변형하는 것이다. 팽이 개발도 그 연장선상으로 보면 된다.

1990년 12월, 동장군이 한창 힘을 발휘하고 있을 때였다. 어느 날 문득 '이렇게 추울 때 도대체 아이들이 어디에서 뭘 하고 있을까?' 하는 궁금증이 들었다. 세찬 바람에 거리는 한산하고 아이들의 모습도 찾아볼 수 없었다. 길모퉁이에 있는 오락실에 가보니 아이들이 바글바글했다. 아이들은 〈스트리트 파이터〉 앞에서 줄을 서서 기다리다 자기 차례가 오면 정신없이 게임에 빠져들었다.

나는 이 캐릭터들을 사진으로 찍어 사무실에 펼쳐놓고 연구하기 시작했다. 문득 '바로 이거다!' 하는 아이디어가 떠올랐다. 캐릭터들을 조각해 상품을 만들기로 했다. 그 결과는 하늘에서 동전이 쏟아졌다고 표현할 정도로 대박이었다. 돌아서면 제품이 없어지고 또 돌아서면 제품이 없어지는, 온몸에 짜릿한 전율을 느끼는 통쾌한 경험을 했다.

요즘 아이들은 공부에 치여 놀 시간이 없다. 내가 초등학교 다닐 때는 국어책에 "영희야, 철수야 놀자."라는 문구가 있었다. 그런데 지금은 없다. 그럴 시간이 지금 아이들에게는 없다. 너무 뒤처져 있어도 문제지만 제 나이에 맞는 놀이를 하면서 자란 아이가 훨씬 창의력이 높다. 자연 속에서 다양한 체험을 하며 친구들과 함께 어울려 놀게 하면 여럿이 함께하는 질서를 배워 사회성을 기르는 데도 훨씬 도움이 된다.

요즘은 조립식 장난감도 엄마 아빠가 조립해서 아이들에게 준다. 아이가 놀이를 하는 게 아니라 엄마 아빠가 놀이를 하는 꼴이다. 이 래서는 안 된다. 공부에 시달리는 아이들에게는 최대한 재미있는 장난감을 줘야 스트레스를 안 받는다. 따라서 장난감도 아이들이 잠깐 쉴 때 가지고 놀 수 있고, 엄마 아빠의 시간도 줄여줄 수 있는 것이어야 한다. 그래서 요즘은 머리를 쓰는 것보다는 가볍고 쉽게 할 수 있는 놀이가 대세다.

너무 앞서가지 마라. 딱 반 보면 충분하다

나는 놀이와 연관된 사업을 하는 만큼 항상 즐거운 마음으로 일하는 편이다. 제품 아이디어는 내가 직접 낼 때가 많다. 내고 싶어서 그런 게 아니라 자꾸 아이디어가 솟아나와 스스로도 감당이 안 된다. 그래서 머릿속은 잠시도 쉴 때가 없다. 어떤 사물을 보더라도 매번 '왜?'라는 질문을 하고, 그 궁금증을 머릿속에 저장하고 다닌다. 한번 의문이 생기면 해결될 때까지 머릿속에서 지워지지 않아 메모하고 그려도 본다. 메모는 수첩에 적기도 하지만 급하면 어느 곳이든 일단 적어놨다가 나중에 옮긴다. 장기간 이런 훈련을 하면 자연스럽게 상상력이 풍부해지고 다양한 아이디어를 끌어낼 수 있다.

그러나 제품과 상상력을 접목할 때 고려해야 할 점이 있다. 너무 앞서가는 상상력을 제품에 적용하면 사업적으로 실패할 가능성이 커진다. 각 분야에서 상상력으로 성공한 사람들을 소개한 《프로들의 상상력 노트》에서 만화가 이우일은 "앞서가는 상상력은 오히려 고민이다."라는 말을 한다.

최신 트렌드에서 모티프를 얻어 남들이 하지 않는 작품을 내놓으면 국내에서는 소수 마니아의 취향으로만 받아들여지기 때문이다. 그는 오래전에 이런 딜레마에 대해 "한 보 반을 앞서면 대중에게 낯설고, 딱 반 보만 앞서면 된다."라는 해답을 얻었다고 말한다. 나도 동감하는 대목이다.

거듭 이야기하지만 완구는 위험하지 않고, 싸고, 좋고, 재미있어야 한다. 그 공식에서 벗어나면 성공하기 어렵다. 이 명제에 들어맞는 장난감에 대한 새로운 완구를 만들어내려면 결국은 아이디어 싸움이다. 나는 아이디어를 짜내는 과정을 즐긴다. 아이디어가 나오면 사람들에게 바로 말을 던진다. 사람들이 내 말에 얼마나 공감하는지 순간적인 반응을 알고 싶어서이다. 사람들은 내게 "도대체 장난감은 어디서 영감을 얻나요?"라고 물어보곤 한다. 그럴 때면 나는 "당신의 코가 바로 장난감이요."라고 답한다. 재미있으면 장난감이라는 것이다.

감성이 중요한 콘텐츠 사업에서 CEO가 직접 제품 개발을 주도하는 것이 다른 회사와 손오공의 차이다. 주위에서는 "이제 직원들에게 맡기고 쉬면서 하세요."라고 권유하기도 한다. 나도 그러고 싶다. 그런데 현실은 그럴 수가 없다. 그렇다고 우리 회사 개발자들의 실력이 떨어진다는 것은 아니다. 우리나라에서 완구를 이만큼 잘 만드는 개발자들도 없을 것이다.

개발자들도 아이디어를 내는 것은 잘한다. 어떨 때는 내가 생각지도 못한 기발한 아이디어를 내곤 한다. 그런데 아이디어는 좋은데 마지막에 어떻게 하겠다는 답이 없다. 기술적인 경험이 부족해서 마무리가 약하기 때문이다. 나는 재료부터 마무리까지 모든 공정을 알고 있으니 잔소리를 안 할 수가 없다. 간혹 개발자들에게 내 잔소리가 듣기 싫으면 나를 뛰어넘으라는 말을 한다.

콘텐츠 사업은 누가 먼저 잡느냐가 관건이다

예전에는 무無에서 유有로 가기가 쉬웠다. 무엇이든 개발할 여지가 많았기 때문이다. 요즘은 현실적으로 무에서 유로 가기가 정말 어렵다. 그나마 내가 하는 콘텐츠 산업은 무에서 유를 창출하는 데 비교적 접근이 수월한 편이다. 새로운 아이디어만 있다면 승부를 걸어볼 수 있기 때문이다.

세계의 공장이라 불리는 중국 역시 이제는 콘텐츠를 원하고 있다. 얼마전 중국 출장길에 호남성 서기와 만찬을 할 기회가 있었는데, 의외의 제안을 해와 놀랐다. 중국에 테마파크를 조성하는데 땅을 제공하고 현지 회사를 소개해줄 테니 손오공과 합작을 해서 손오공의 노하우를 전수해달라는 게 아닌가. 중국이 콘텐츠 사업의 중요성을 파악하고 육성하려는 강력한 의지를 보여준 것이다. 콘텐츠 사업은 무궁무진하고 눈에 보이지 않지만 누가 먼저 선점하느냐가 관건이다. 이것에 따라 시장이 엄청나게 줄어들 수도 커질 수도 있다.

그런 만큼 콘텐츠 사업을 하는 CEO는 시간과의 싸움이 생명이다. 아무리 재미있는 일이 있다 해도 그것을 절제하고 제자리로 돌아와서 내일을 기약할 준비를 해야 한다. 남들이 한 가지를 생각할 때 두 가지를 생각할 수 있어야 한다. 한쪽 뇌로는 경영을 하고, 다른 한쪽 뇌로는 콘텐츠 개발을 하면서 설령 막다른 골목에 부딪히더라도 그것을 뛰어넘을 수 있는 묘안을 짤 수 있어야 한다. 수없이 밀려드는 일들을 처리하면서도 새로운 콘텐츠 개발에 흠뻑 취하고 빠질 수 있어야 한다. 그러므로 콘텐츠 사업을 하는 CEO의 뇌에는 창의력 감각이 두 개 이상은 되어야 한다.

어린 시절의 추억에
빚지고 있는 감각

　　나의 콘텐츠 감각은 어린 시절의 추억에 빚지고 있다. 어머니에 대한 내 최초의 기억은 다섯 살 때다. 오 형제가 뿔뿔이 흩어지고 막내인 나만 행상을 하는 어머니를 따라 이 골목 저 골목, 산 넘어 산을 누비며 다녔다. 집이 있고, 땅이 있는 사람들이 어린 내 눈에는 어찌나 부러웠는지. 이 책을 읽는 분들은 어린 꼬마가 참 외로웠을 것 같다고 생각할지도 모르겠다. 하지만 '엄마와 함께한다.'는 것만으로 나는 세상의 모든 것을 다 얻은 것 같았고, 절대 외롭다고 생각한 적도 없었다.

　　그 시절 점방구멍가게에선 바람에 떨어진 파란 어린 복숭아를 단물에 담가서 팔았다. 달콤한 맛이 나는 빨간 물이 담긴 삼각형 비닐 봉지에 매료되었던 기억이 지금도 선명하다. 나는 그 과자를 사먹고 싶은데도 돈이 없어 항상 구석에 혼자 앉아 있어야 했다.

어느 봄날, 어머니와 점방에 들어갔던 나는 빨간 물 봉지 하나를 움켜쥔 채 나왔다. 가게에서 나와 20미터쯤 갔을 때 어머니가 내 손에 들린 것을 보고 어찌나 놀라던지, 그때까지 그렇게 놀란 어머니의 모습은 한 번도 본 적이 없었다. 어머니는 곧바로 사태를 알아차렸다. 너무나 먹고 싶어 나도 몰래 남의 물건에 손을 댄 것이다. 어머니는 내 손에서 빨간 물을 빼앗아 가게에 갖다놓고 앞으로 또다시 이런 일이 있으면 다시는 데리고 다니지 않겠다고 내게 경고했다. 나는 맘속으로 겁이 덜컹 났다. 그때 어머니는 무척 속상했던 모양이다.

그 이후로는 어머니 뒤를 졸랑졸랑 따라가다 강남의 산 언덕길 주변에 핀 꽃잎을 따먹으며 군것질을 대신했다. 특히 5~6월에는 산마다 아카시아 꽃이 활짝 피었는데 아카시아 향을 들이마시고 꽃을 씹으면 허기도 약간 가시는 것 같았다. 3월에는 시큼한 진달래꽃이 내 장난감이자 군것질거리였다.

군것질은 아이들의 로망이다. 내 아이들만큼은 돈이 없어서 과자를 못 사먹는 설움을 겪게 하고 싶지 않았다. 그래서 아이들이 어렸을 때 공개적인 서랍에 돈을 넣어두고 아이들한테 마음껏 꺼내 쓰라고 했다. 그런데 아이들은 돈이 필요하면 달라고 했지 그 돈을 꺼내 가지는 않았다. 그런 것을 보면 아이들에게 무조건 안 된다고 야단만 칠 것도 아니고, 무언가를 강제로 단념하게 하는 방법도 옳은 건 아닌 것 같다.

초등학교 3학년까지의 짧았던 학창 시절

어머니는 어려운 살림 와중에도 나를 영등포 초등학교에 입학시 켰다. 영등포역 근처는 우리 가족의 생활 터전이었다. 행상인들은 화물이 들어오기만을 기다리며 역전에서 생활하다시피 했다. 학교 에 다닌다는 것 자체가 내겐 매우 신나는 일이었다. 공부도 열심히 해 3학년 1학기까지 상장이란 상장은 싹쓸이했다. 요즘 말로 '우수 수'였다. 학교 다니면서 공책과 연필은 모두 상으로 받아 썼다.

어머니는 없는 살림에도 아들의 신발과 옷만큼은 늘 깨끗하게 챙겨주었고, 단추 하나 떨어져도 바로바로 달아주고 항상 정갈하게 다리미로 다려주었다. 아버지가 없는 데 대한 콤플렉스가 있었던 것 같다. 가진 것 없이 살아도 남들에게 없는 것처럼 보여선 안 된 다는 것이 어머니의 생각이었다.

그런 어머니의 마음도 모르고 나는 철없는 마음을 품기도 했다. 당시 같은 반 친구들 엄마들은 최신식 파마를 하고 화장도 해서 젊 어 보였다. 그런데 우리 어머니만 검게 그을린 얼굴에 한참 늙어보 이는 게 싫었다. 내가 초등학교에 입학할 때 어머니 연세가 오십이 넘었으니 어쩌면 당연한 일이다. 게다가 머리에 비녀를 꽂아서 더 늙어 보였다. 어린 마음에 학교 운동장에서 무용할 때 어머니가 뒤 에 서 있으면 다른 아이들이 볼까 봐 창피했다.

소풍 갈 때는 더 싫고 괴로웠다. 다른 아이들은 소풍 가면 새 옷 을 입고, 맛있는 반찬을 가득 담은 도시락을 가져왔다. 용돈도 넉넉히 받아 와서 이것저것 사먹기도 하고, 엄마가 따라오는 아이들도 있었다. 나는 엄마는커녕 보리밥 위에 얹은 고구마가 다였다. 지금 생각하면 별거 아니지만 그때는 다른 아이들이 참 부러웠고, 나도 얼른 커서 돈을 많이 벌어야겠다고 생각했다.

그나마 3학년 1학기부터는 더 이상 학교에 다닐 수 없었다. 3학년 1학기가 시작되기 전에 학교를 옮겨야 하는 상황이었는데 어머니가 한글을 몰라 전학 수속을 놓치고 말았다. 6학년까지만 학교에 다녔으면 그다음은 내가 알아서 했을 텐데 하는 아쉬움이 지금까지 남아 있다.

더할 나위 없는 엔터테인먼트였던 자연

그때부터 학교를 나가지 못하고 집에서 혼자 놀며 시간을 보냈다. 어머니한테 놀아달라며 귀찮게 하는 것은 생각도 할 수 없었다. 어머니도 행상 일을 하느라 내 공부를 돌볼 여유가 없었다. 오후 시간만 되면 학교에서 집으로 돌아가는 아이들의 재잘거림이 담장을 타고 넘어왔다. 그 아이들이 얼마나 부러웠던지!

당산동 당중초등학교에서 공부하는 아이들이 궁금해 교실 복도에서 창문 너머로 살짝 들여다보다가 혼쭐이 나기도 했다. 학생들이 줄 지어 소풍 가는 날은 더욱 울적했다. 나는 집에 있었지만 아이들의 모습과 말소리만 듣고도 학교에서 무슨 일이 일어나고 있는

지 다 알았다.

그런 생활이 3년 동안이나 계속됐다. 친구들이 모두 학교에 가고 나면 텅 빈 동네에서 혼자서 놀았다. 그래도 구슬치기나 딱지치기는 나를 따라잡을 친구들이 없었다. 딱지와 구슬을 따 모아서 딱지는 100장에 1원, 구슬은 20개에 1원, 이렇게 팔아서 만화책을 빌려 보았다.

집에만 있기 답답할 때는 당산동에서 목동으로 이어지는 개천 줄기를 따라 걸으며 자연을 벗 삼아 버들피리, 풀피리를 불며 시간을 보냈다. 봄에는 보리밭이 가을에는 누른 벼가 들판 가득 펼쳐져 있고 샛강에는 버들붕어 천지였다. 그때의 안양천은 투망을 던져 물고기를 잡을 정도로 물이 맑았고, 안양천 둑 언덕에서는 바람에 실려오는 젖소들의 변 냄새가 코를 찔렀다. 나는 레슬링 선수 김일이나 왼손잡이 권투 선수 김기수가 되어 세계 챔피언이 된 것마냥, 혼자서 상대 선수를 치고 피하고 머리를 잡고 박치기를 하며 목동까지 하릴없이 걷기도 했다.

당시 문래동과 당산동 일대에는 부대가 많았다. 5·16 군사정변이 일어난 육관구六管區도 그 근처다. 박정희 대통령의 동상이 지금의 문래동 근린공원 안에 있었다. 그곳은 주위 건물이 무너져 벽돌만 듬성듬성 쌓여 있어 나무로 만든 총을 들고 아이들과 전쟁놀이를 하기에 더없이 좋은 놀이터였다. 우리는 이곳에서 당시 최고의 인기 드라마였던 〈전투Combat〉를 흉내 내며 놀았다. 어린 내게는 고즈넉한 자연과 그 풍경을 이루고 있는 사물들이 더할 나위 없는 엔

터테인먼트였던 것이다. 요즘 아이들은 만화책, 게임기, 장난감이
엔터테인먼트이겠지만 말이다.

어머니 몰래 동네 형이랑 당산동에 있는 아이스케키 공장에서
물건을 떼다가 아이스케키를 판 적도 있었다. 장사에 나선 첫날부
터 꽤 수익을 올렸다. 하루 만에 150원을 벌었으니 적지 않은 돈이
었다. 나는 그 돈을 기쁜 마음으로 어머니한테 내밀었다가 정말 죽
기 직전까지 얻어맞았다. 어머니는 나를 때리고 나서 많이 울었다.
행상이 어떤 일인지 잘 아는 어머니는 아들까지 행상에 나서니 자
존심이 상했던 것 같다. 그 일을 계기로 어머니는 내게 기술을 가르
쳐야겠다고 마음을 먹었다.

일 잘하고 착실한 사람이 최고였다

어머니가 물색한 취직 자리는 금은방이었다. 1960년대에 금 세
공기술은 고급 기술에 속했다. 그래서 금은방에 취직하기가 어려웠
다. 더욱이 금을 취급하는 곳이라 상대에 대한 신뢰가 없으면 안 되
는 곳이었다. 어머니가 여러 번 사정하고 부탁해서 만들어진 자리
라 내겐 대단한 일자리였다. 그때는 미성년자에 대한 개념 자체가
없어서 당시 나는 열세 살이었지만 취직에는 큰 문제가 없었다.

쑥스럽고 낯을 가리는 성격 탓에 공장 입구에서 멈칫멈칫하다가
조심스럽게 안으로 들어갔다. 첫 출근 날이었다. 세공공장에서 신참

은 청소부터 한다. 추운 겨울날 캄캄한 새벽에 일어나 6시 30분까지 영등포시장에 있는 백성당으로 출근해 제일 먼저 진열장의 유리를 반질반질하게 닦았다. 그런 다음, 목걸이 만드는 공장으로 가서 소변 통을 비우고 주위 바닥을 솔로 깨끗이 닦는 게 일과였다. 백성당 사장인 이영석 씨는 내가 부지런하다고 주위 사람들한테 자랑하며, 나를 볼 때마다 박카스 한 병을 내 손에 꼭 쥐어주었다.

겨울에 찬물로 청소하다 보면 손가락이 얼고 굽어서 한참을 녹여야 했다. 기술을 배우느라 손가락 끝에 피가 맺혀 부르트고, 금반지를 가공하다 줄로 손톱이나 살갗을 쓸기도 했다. 얼마나 아프던지 눈물이 저절로 찔끔 날 정도였다. 잠잘 때면 손톱 밑이 아려 잠도 제대로 못 잤다. 망치로 금을 벼루다가 손가락을 때려 너무 아파 입이 열리지 않을 때도 있었다. 그때 기술을 배우면서 단련이 되어 참을성이 절로 몸에 뱄다. 이를 악물고 참는 방법을 터득한 것이다.

나는 기술을 배우는 속도가 아주 빨랐다. 영등포시장 일대에선 '꼬마'라는 별명으로 통했다. 당시 그 일대에서 금은방 일을 하는 사람 가운데 내가 제일 어렸다. 2년이 지나고 영등포시장에 있는 명신당에서 기술을 익힌 이배원이 들어왔는데, 그가 금은방 일을 하면서 만난 유일한 친구이다.

기술을 배울 때 가장 고통스러운 시기는 여름이다. 좁은 다다미방에서 작업을 했는데, 책상에 모여앉아 불통을 들고 주로 목걸이를 만들었다. 좁은 공간에서 항상 고열을 사용해 세공을 하는 만큼 그 열기는 상상을 초월했다. 예민한 작은 불꽃으로 금과 금을 붙이는 작업이라 선풍기는 방해꾼밖에 안 됐다.

밤늦도록 작업을 하다가 잠깐 불을 끄고 눈을 붙이려고 하면, 온종일 이때만 기다렸다는 듯이 천장과 갈라진 벽 사이로 빈대들이 기어 나와 뚝뚝 떨어졌다. 빈대에 시달리다가 못 견뎌 불을 켜고 잡으려고 하면 순식간에 유령처럼 사라졌다.

그래도 차라리 밤에 일하는 것이 좋았다. 야식으로 짜장면 한 그릇을 얻어먹을 수 있으니까. 그 시절 짜장면은 고기는 없고 감자만 넣은 것이었지만 항상 배고픈 내겐 꿀맛이었다. 밤일을 하면 차비도 나왔는데, 그 돈을 아끼려고 영등포시장에서 당산동까지 늦은 밤에도 걸어갔다. 어린 나에게 그 길은 멀기만 했다.

결근 한 번 안 하고 열심히 일한다고 선배들의 귀여움을 받아 간혹 영화도 볼 수 있었다. 나보다 여섯 살 많은 용철이 형이 영등포 영보극장에서 일했던 점박이 누나랑 친했는데, 그 누나가 우리를 영화관에 들여 보내주었다. 우리 좌석은 제일 높은 곳 구석진 쪽의 항상 비어 있는 자리였다.

그 덕분에 〈황야의 무법자〉, 〈007〉, 〈웨스트사이드 스토리〉 같은 외화를 모두 공짜로 봤다. 하지만 피곤해서 영화를 보면서 조느라 내용이 중간중간 끊어져 앞뒤가 안 맞았다. 다음날 형들이 영화 본 이야기를 재미있게 나누는 것을 들으면 그세서야 영화 내용이 완성되었다.

금 세공 일거리를 주러 온 거래처 사람들은 꼬마가 일하는 모습을 신기하게 쳐다봤다. 어린 소년이 불붙인 통을 들고 목걸이를 핀

셋으로 꼼꼼하게 조립해 땜질하는 모습이 대견했나 보다. 금은방에서는 일 잘하고 착실한 사람을 최고로 쳐주었던 때라, 다른 금은방에서 웃돈을 얹어줄 테니 오라는 제안도 많았다. 요즘 말로 하면 스카우트 제의다. 그때는 생소했던 말이고, 왠지 어머니가 소개해준 자리인데 어머니의 신의를 저버리는 것 같아 다른 데로 옮긴다는 것은 감히 생각지도 못했다.

어린 내게 금은방은 세상의 전부였다

세공공장에서 3년간 일했을 무렵 나를 아껴주던 주인아저씨가 돌아가셨다. 아저씨가 돌아가시기 6개월 전에 같이 일하던 걸태 형이 그만두고 나가 목걸이공장을 차렸는데 같이 일하자는 제의를 해왔다. 나중에 공장을 내게 물려주겠다는 약속도 해서 정말 고민을 많이 했다. 익숙지 않은 자리로 옮기면 세밀한 일을 할 수 있을지 어린 맘에도 걱정이 되었다.

그러다 자리를 옮겼는데 그곳은 일이 더 많았다. 난 새로 옮긴 직장에서 미련한 곰처럼 충성을 다해 일했다. 영등포시장 근처 쪽 방을 얻어 공장을 차려서 그런지 다다미방이라 그런지 거기도 빈대가 활개를 쳤다. 온몸에 두드러기가 난 것처럼 살이 부어올라도 몸을 사리지 않았다.

옮긴 공장에서 큰 사건이 하나 벌어졌다. 금을 세공하기 위해 줄이나 조각칼로 모양을 내다 보면 금가루가 생긴다. 금가루를 창호지에 올려놓고 복주머니 모양처럼 싸서 물을 적시고 도가니에 넣고 녹이면 그야말로 '티끌 모아 태산'이란 말처럼 금덩어리가 된다. 창호지를 물에 적시는 것은 금을 녹일 때 불 바람에 금가루가 날아가지 않게 하기 위한 것이다.

그런데 하루는 그 금가루가 다른 날보다 적다면서 걸태 형이 나를 의심한 듯하다. 뒤에 밝혀진 일이지만, 금목걸이 주문이 점점 늘어나 사장인 걸태 형의 이종조카를 직원으로 채용했는데 그 사람이 벌인 일이었다. 당시에는 머리카락과 채권 사는 장사꾼이 조그만 가방을 가지고 동네를 종종 돌아다녔다. 걸태 형의 조카가 그들과 거래하다 사장에게 발각되면서 사건의 전모가 밝혀졌다.

그런데 걸태 형은 내게는 한마디 물어보지도 않고 곧바로 어머니를 찾아가, 내가 혹시 집으로 금을 가져오지 않았느냐고 넘겨짚으며 나를 도둑 취급했다. 집에 갔더니 어머니가 힘없는 말투로 "금을 훔쳤느냐? 훔쳤으면 갖다 줘라. 용서해준대."라며 나를 타일렀다. 정말 억울하고 어이없는 일이었다. 내가 정말 믿었던 형이고 공장을 내게 물려준다고 했는데 내게 그럴 수 있나, 왜 어머니한테 직접 찾아가서 상처를 주어야 했는지 정말 화가 났다.

다음 날부터 공장에 출근하려 해도 걸태 형이 원망스러워 발길이 닿질 않았다. 제2한강교 다리 밑에서 난생 처음으로 혼자서 사각 병에 담긴 빨간 매실주를 마셨다. 너무 억울하고 분해서 술에 취해 모래밭에서 뒹굴었다. 좋은 기술 배우고 돈도 잘 번다고 어머니와 형들은 만나는 사람마다 자랑을 했는데, 앞으로 어떻게 살지 막막했다. 어린 내게 금은방은 세상의 전부였다. 나는 꿈속에서 '내가 그런 게 아니다'라며 허공을 붙잡고 사정하기까지 했다. 금은방에선 그런 소문이 나면 취직은커녕 금은방 주위에 발도 들여놓지 못한다. 한마디로 업계 퇴출이다.

구름 밖에 푸른 하늘이 있다

그때부터 방황의 시절이 시작됐다. 내 나이 열여섯 살이었다. '그렇게 충성을 다해 일했는데 돌아오는 것은 이런 거구나!'라는 상실감이 밀려들었다. 어머니한테는 일자리를 알아본다고 거짓말하고 아침마다 나와서는 매일 껄렁껄렁한 친구들과 어울려 영등포시장을 돌아다녔다. 담배도 그때 배웠다. 그래도 어머니가 맘에 걸려 완전 막 나갈 수는 없었다.

그래서 밤에 불우 청소년을 위한 야간학교_{중학교}를 다녔다. 반에서 실장으로 뽑힐 정도로 열심히 공부했다. 소아마비를 앓았던 한 친구가 영어를 잘해 그 친구에게 영문법도 배웠다. 대신 나는 등하교길에 그 친구의 가방을 들어주었다. 그림도 잘 그렸고, 환경미화를 하는 것도 좋아했다.

하지만 그 생활도 오래가지 않았다. 교장의 비리 사건으로 학교에서 데모가 일어났다. 그때 키도 크고 덩치도 있고 합기도 3단인

학생이 있었는데, 그가 학교 편에 서서 다른 학생들을 괴롭히는 바람에 나는 그와 격투를 벌였다. 그 뒤로 다시는 학교를 다닐 수가 없었다. 다시 한 번 인생의 암흑기가 찾아왔다.

나는 금은방 돌아가는 소식도 궁금하고 시간도 흐른 터라 다시 걸태 형을 찾아갔다. 형은 얼굴이 하얗게 변하며 미안해서 어쩔 줄 몰라 했다. 오히려 내가 더 당황한 채 말없이 돌아왔다. 그러나 '운외창천雲外蒼天'이란 말이 있다. 구름 밖에 푸른 하늘이 있다는 뜻으로 고난의 뒤엔 반드시 좋은 시절이 온다는 뜻이다.

그 말처럼 다음해에 기회가 찾아왔다. 나는 문래동에 있는 방위산업체에 철판을 붙이는 스포트spot 용접공으로 취직했다. K16 자동소총 탄창 담당으로, 베트남에 16만 개를 수출하는 데 합류한 것이다. 그리고 그다음에는 주물공장으로 자리를 옮겼다.

아이들과 소통하면
별이 보인다

나는 오늘도 아이들과 소통하기 위해서 노력한다. 어린이 방송을 보기도 하고, 아이들이 무엇을 갖고 싶어 하고 필요로 하는지 항상 생각한다. 그렇게 아이들의 감성을 내 감성 속으로 들여와 감각을 익히고, 아이들의 생각과 함께하며 아이들이 노는 것을 유심히 보기도 한다. 내가 어릴 때는 TV 애니메이션을 오후 4시 무렵에도 많이 보았는데, 지금은 그 시간대에 TV를 보는 어린이들이 그다지 많지 않다고 한다.

어린이 시간대의 TV 시청률은 4시 무렵보다 6시 이후에 훨씬 높게 나온다. 요즘 어린이들은 오후 6시가 되어야 학원에서 집으로 돌아와 그제야 TV를 볼 수 있는 것 같아 안타깝다. 그만큼 아이들이 노는 시간이 없다는 것이다. 그나마 아이들이 집에 돌아와도 컴퓨터 모니터 앞이나 스마트폰을 들고 앉아 조그마한 손을 열심히 움직이느라 분주하다.

아이들에게는 그들만의 세계가 있다

내가 어릴 적에는 놀 공간과 시간은 많았으나 가지고 놀 만한 것들이 많지 않아 자연을 벗삼아 놀았다. 한번은 개미들이 땅굴 속에서 사는 모습을 보려고 개미를 병에 담아 책상 위에 올려놓고 관찰한 적이 있다. 유리병을 통해 개미들의 일상을 지켜보면 볼수록 신기하다는 생각을 했다. 개미들이 하얀 개미 알을 들고 이사할 때면 어떻게 저 작은 개미들이 쉬지 않고 부지런히 움직일 수 있는지 신기했다.

병을 건드려 말 그대로 병 속에 지진을 일으켜 개미집을 무너뜨리면 개미들은 밤새 복구를 한다. 내가 만일 요술을 부려 개미만 한 쪼그만 사람이 되어 개미들의 세계로 들어가 볼 수 있다면 얼마나 좋을까 하는 생각도 했다. 그렇다면 이 세상에서 무엇이든지 못할 게 없을 텐데…….

이런저런 생각올 하면서 먹다 남은 과자 부스러기를 개미들에게 떨어뜨리면, 언제 모였는지 개미들이 줄을 지어 그 과자 부스러기를 입에 물고 가 창고에 쌓아놓는다. 어린 마음에도 '말이 통하지는 않지만 사람이 하는 짓과 어쩌면 저렇게 비슷할까?' 의아하게 생각하면서 내가 모르는 신비한 세상 풍경에 감탄하곤 했다.

그 시절 나는 《이솝우화》에 나오는 〈개미와 베짱이〉 이야기를 많이 들었다. 개미는 부지런히 일하는데, 베짱이는 일은 안 하고 여름이 다 가도록 노래만 부르다가 겨울에 고생을 한다는 이야기다. 그런데 베짱이는 지금으로 말하자면 음악가라고 할 수 있다. 여름 내내 노래와 악기로 개미들을 즐겁게 해준 베짱이들에게도 먹을 것을 나눠줘야 하지 않겠나. 하지만 그 당시 베짱이들은 저작권 개념이 없어서 자신들의 권리를 행사하지 못했던 것이다. 엉뚱한 말일지는 몰라도 이렇듯 곤충들에게도 자기 세계가 있듯, 아이들도 자기들만의 세계가 있다는 이야기를 하려는 것이다. 어른들도 아이들의 세계를 존중해주어야 하지 않을까.

아이들의 입장에서 아이들의 시선으로 소통하라

나는 놀 시간이 없는 요즘 아이들을 위해 잠깐 쉴 때 가지고 놀 수 있는 장난감을 만들어야 한다고 생각한다. 그래서 요즘 아이들의 생각을 알고 싶어 종종 아이들에게 다가가곤 한다. 그런데 요즘 아이들은 내가 자랄 때와는 사뭇 다른 것 같다. 내가 가까이 다가갈수록 아이들의 태도가 점점 달라지는 것을 볼 수 있다. 아이들과 정겹게 이야기를 하고 싶어 친근하게 다가가 말을 걸려다가 오해를 받아 당황한 적도 여러 번 있다. 특히 승강기 안에서 아이들에게 말을 걸면 아이들이 더욱 긴장한다.

어린아이한테도 험한 일이 많이 생기는 세상이다 보니 당연한 반응이라고 할 수 있다. 하지만 아이들에게 좋은 마음으로 다가가 장난감 이야기를 들려주고 싶어도 그러지 못하는 현실이 안타까울 따름이다.

그래서 나는 항상 아이가 엄마나 아빠와 함께 있을 때 다가가 요즘 아이들이 가장 관심 가지는 이야기를 건넨다. 아이들에게는 그들과 같은 생각과 마음으로 다가가야 한다. 하물며 애완견도 눈을 가만히 들여다보면 애완견이 무엇을 원하는지 알 수 있지 않나. 아이에게 어떤 행동을 이끌어내려고 어른의 생각을 강요해서는 안 된다. 내가 먼저 아이의 입장에 서 있어야 한다.

아이는 하루가 다르게 쑥쑥 자라고 발달도 빨라 어른들을 놀라게 한다. 이런 아이들의 마음을 미처 읽지 못해 따라가기도 벅차고 감당하기 버거울 때도 있다. 그러면 어느새 자기도 모르게 어른의 시각으로 생각해 아이를 야단치고 힘으로 억누르려고 한다.

장난감 하나를 사주는 데도 어른들의 생각이 들어가, 이왕이면 아이들에게 교육적인 장난감을 사주면 더 좋지 않을까 생각하는 부모들이 많다. 하지만 나는 말리고 싶다. 아이들은 늘 공부에 대한 스트레스에 시달린다. 그러니 장난감은 장난감으로 만족하는 게 좋지 않을까. 제발 장난감마저 아이들에게 부담을 주는 대상이 되지 않았으면 한다.

어른들이 보기엔 답답한 텔레토비

1998년 4월 프랑스 칸느에서 방송 프로그램 마켓인 MIP TV 축제가 열렸다. 세계 각 TV 방송국에서 방영하는 인기 있는 드라마나 애니메이션 같은 신작을 소개하고, 각 나라별로 제작한 방송 프로그램을 교류하는 장소이기도 하다. MIP TV가 끝나고 1개월 후에는 유명한 칸영화제가 같은 장소에서 열린다.

당시 전시장에서 국내 각 방송국의 PD들이 생각하기에 과연 이런 영상이 한국 어린이들한테 통할 수 있을까, 고개를 갸우뚱하게 하는 작품이 있었다. 바로 영국 BBC 방송국에서 방영 중인 〈텔레토비〉였다. 특이한 몸짓에 얼굴과 생긴 모양새도 이상하고 아무리 봐도 한국 아이들의 정서에는 생뚱해 영 맞지 않을 것 같은 캐릭터였다.

한국으로 돌아오는 중에 프랑스 니스에서 EBS 부원장과 만나 비행기 안에서도 텔레토비 이야기를 했다. 참으로 결정하기 힘든 영상물이었다. 하지만 영국에서 워낙 인기가 있어 관심을 가지고 한국에 돌아와 거래처와 주위 사람들에게 영상을 보여주며 의견을 물어보았다. 대개는 부정적인 답변들이었다.

그 당시 한국에서는 로봇물이 유행을 하고 있을 때, 손오공 제품을 판매하는 거래처들에서도 생소한 〈텔레토비〉가 좋은 반응을 얻기는 어려울 것이라고 판단하는 듯했다. 그들은 이구동성으로 얼굴도 외계인 같고 한국 아이들의 정서에는 맞지 않을 것 같아 아리

세계 각 TV 방송국에서 방영하는 인기 드라마나 애니메이션 신작을 소개하는 칸느 MIP TV

송하다는 말들을 했다. 그런데도 나는 왠지 '될 것 같다.'는 강한 확신이 들었다. 그래서 해외사업부에 연락을 취해보라고 했다.

그렇지만 영업부의 이런저런 반대에 부딪혀 더 이상 진척이 되지 않았다. 나는 잘될 것 같아 욕심을 냈지만, 우물쭈물하는 사이에 KBS2에서 이미 방영에 들어갔다. 머천다이징과 상품을 만들 시기를 놓친 것이다. 이후 텔레토비는 아이들에게 굉장히 인기 있는 프로그램으로 자리를 잡았다. 텔레토비는 어른들이 보기에는 답답하다. 한 말을 또 하고 또 하니 어른들의 시각에서는 답답해 보일 수밖에 없다.

뽀로로나 텔레토비가 되어야 아이들과 소통할 수 있다

〈텔레토비〉가 나온 뒤로 이와 비슷한 작품들이 많이 나왔다. 그러나 빛을 보지 못하고 사장되는 작품도 꽤 많았다. 특히 한국에서는 독보적이었던 〈뽀뽀뽀〉 같은 어린이 방송 프로그램은 정말 아쉬움이 많은 작품이다. 〈뽀뽀뽀〉 하면 엄마 아빠들이라면 모르는 사람이 없다. 우리 회사는 애니메이션 〈붐이담이 부릉부릉〉에 100퍼센트 투자, 제작을 해서 〈뽀뽀뽀〉 시간대 안에 방영을 노렸다. 그 시간과 비용으로 차라리 뽀뽀뽀 캐릭터를 만들어 이 프로그램을 더 활성화시켰더라면, 인지도로 보나 여러 가지 면에서 상품성이 훨씬 높았을 것이라는 아쉬움이 남는다.

그마저도 시청률이 낮다는 이유로 아침 8시 15분에서 오후 4시로 방송 편성이 됐다. 〈텔레토비〉나 〈뽀로로〉 같은 작품이 될 수 있었다면 얼마나 좋았을까……. 〈뽀뽀뽀〉 이름만큼의 인지도를 얻기까지도 금액으로는 환산이 안 될 정도다. 1981년부터 2000년 무렵에 자란 어린이들 사이에서 〈뽀뽀뽀〉를 모르는 어린이가 없을 정도로 인기가 대단했다. 요즘은 〈뽀뽀뽀 아이조아〉로 오후 4시 10분에 방영을 하고 있다.

어린아이들은 화면이 빠르게 지나가면 잘 이해를 못한다. 그래서 아이들은 보고 보고 또 본다. 어른들은 처음에는 아이들의 시각으로 아이들과 함께 본다. 하지만 어느새 다시 어른의 세계로 돌아와 "그만 안 봐!" 하고 소리치지만 허사이다.

이런 아이들을 제지하기가 쉽지 않다는 것을 어른들은 잘 알고 있다. 조금 전까지만 해도 아이의 시각에서 아이와 잘 소통하고 함께 잘 보았다면, 어느새 자신도 모르게 어른의 시각으로 되돌아와 "안 돼!" 하고 소리치는 것이다. 야단을 쳐놓고는 아이가 기가 죽을까 봐 번번이 엄마가 지고 만다. 이런 엄마와 아이의 전쟁은 하루에도 수없이 벌어졌다 말았다 하는 일상다반사이다.

아무리 나이가 많고 힘이 센 천하장사라 할지라도 아이한테는 이길 수가 없다. 언제나 뽀로로나 텔레토비가 되어야 아이들과 소통을 할 수 있다. 아이들과 소통할 수 있다면 어른들이 찾고자 하는 별이 보일 것이다.

세계를 평정하려면
아이들의 시각으로 만들어라

나는 1990년대에 여러 편의 애니메이션에 투자하여 제작을 했다. 그때마다 국내 작가와 애니메이터들과 의견이 맞지 않았다. 그래서 여기서 꼭 짚고 넘어가고 싶은 부분이 있다. 아이들 상품은 반드시 아이들의 시각으로 만들라는 것이다.

그때만 해도 국내 작가와 애니메이터들은 도무지 남의 의견을 들으려 하지 않는 경향이 강했다. 심지어 일본 애니메이션은 유치하다고 주장하며 '작품성'을 강조했다. 그런데 그 기준이라는 것도 참 애매하다.

〈톰과 제리〉를 떠올려보자. 폭력성의 기준은 과연 무엇인가? 〈톰과 제리〉는 상대를 프라이팬으로 때리고, 톰을 끓는 솥에 담아 뚜껑을 닫는데도 국내에서 크게 문제 삼지 않는다. 과연 어떤 것이 작품성인가? 나는 애니메이션은 조금 유치하게 제작할 필요가 있다고 생각한다. 전 세계적인 성공을 거둔 일본 애니메이션 〈포켓몬스터〉도 마찬가지다. 어른들의 시각에서 보면 유치하게 보인다. 하지만 〈포켓몬스터〉는 어른이 아니라 어린이의 시각으로 만들었기 때문에 세계 시장을 평정할 수 있었다.

나는 어떤 사람이 우리 제품의 소비자이며, 그들에게 어떤 성향이 있는지 항상 연구하며 살아왔다. 그런 만큼 '어린이의 시각으로 만들어야 성공한다.'라고 자신 있게 말할 수 있다. 기획자, 투자자, 제작진이 서로 아집의 벽을 허물고 대화해야 성공적인 문화 콘텐츠를 만들어낼 수 있을 것이다.

그런데 국내 작가와 애니메이터들은 투자자와 작품을 만드는 사람을 명확히 구분하는 성향이 강하다. 내가 의견을 내면 "외부_{창작자 이외의 세력}에서 끼어드는 것은 좋지 않다."라며 방어막을 쳤다. 결국 그들의 의견대로 작품이 만들어졌고, 그 손해는 100퍼센트 고스란히 투자자인 내가 떠안아야 했다.

어린 백구가 이야기를 주도했더라면 훨씬 성공했을 것이다

2000년 SBS에서 방영된 〈하얀 마음 백구〉와 2001년 MBC에서 방영한 〈붐이담이 부릉부릉〉도 그랬다. 〈하얀 마음 백구〉는 손오공

어린 백구 이야기가 짧아 못내 아쉬운
〈하얀마음 백구〉

이 투자한 작품으로, 당시 최고의 인기를 얻고 있던 가수 이수영이 주제가를 불렀으며, 지금도 성공한 콘텐츠로 평가된다. 그렇지만 두고두고 아쉬움이 남는 작품이다.

작품 기획과정에서 나와 제작진 사이에 마찰이 있었다. 나는 어린 백구가 주인공인 애니메이션을 원했다. 어른이 된 백구는 후반에 간혹 나오면 된다고 생각했다. 시청자 연령을 좀 더 낮게 잡아서 티 없이 맑은 어린 백구의 마음을 TV 애니메이션으로 표현하고, 더불어 애절한 모성애도 그리고 싶었다. 그렇게만 된다면 분명히 흥행할 수 있을 것이라 생각했다. 어린이들은 감성적으로 어린 백구를 자신과 동일시하며 몰입하기 때문이다.

반면 제작진은 처음부터 어른 백구를 주인공으로 내세우려 했다. 나중엔 어른이 된 백구가 투견장에서 싸움하는 장면도 등장했는데, 이런 설정은 해외 수출에도 도움이 될 리가 없었다. 감독은 제작하기 전에 내 주장을 일부 받아들여 1회부터 3회까지 어린 백구를 등장시켰다.

〈하얀 마음 백구〉는 어린 백구가 나올 때는 시청률이 좋았지만, 이후 어른 백구가 등장하면서 초반의 힘을 이어가지 못했다. 애절한 어린 백구보다 어른 백구가 시청자들에게도 가슴에 와 닿지 않았던 모양이다. 예상대로 어른 백구가 나오는 부분은 시청률이 떨어졌다. 처음부터 끝까지 어린 백구가 이야기를 주도했더라면 훨씬 성공했을 것이라고 자신 있게 말할 수 있다. 이것이 바로 기획력이다.

탑블레이드만큼은 시행착오를 겪고 싶지 않았다

그런데 작가가 아닌 사업하는 사람이 의견을 내면 흔히 '배가 산으로 간다.'라는 말을 하곤 한다. 한 가지 사안을 놓고 여러 사람이 간섭하다 보면 엉뚱한 결과가 나오는 일이 생길 수도 있다. 전문가들을 기획위원으로 잔뜩 초빙해놓아도 결과물을 보면 실망스러운 프로젝트가 다반사 아닌가. 창작자들이 사업하는 사람의 말에도 어느 정도 귀를 귀울인다면 성공 가능성은 더욱 높을 것이다. 요즘은 다행히도 사업 마인드를 가지고 있는 작가와 애니메이터들이 많아져서 소통이 예전에 비해 훨씬 잘된다.

나는 CEO이기는 하지만, 항상 실전에서 콘텐츠와 씨름해온 경험을 토대로 흥행에 대한 감각도 있다고 자부한다. 그래서 나는 애니메이션 〈탑블레이드〉마저 〈하얀 마음 백구〉나 국내에서 제작된 다른 애니메이션의 전철을 밟게 할 수는 없었다. 혹자는 '왜 〈탑블레이드〉를 일본과 합작했는가?'라고 질책 어린 질문을 할 수도 있다.

〈탑블레이드〉만큼은 작품성만 강조하고 시장성을 고려하지 않는 국내 작가들에게 맡기고 싶지 않았고, 상품성에 대한 기획 시나리오가 당시 일본을 못 따라갔기 때문이기도 했다. 또한 유치하게 보일지라도 완구를 애니메이션으로 제작해 일본에서 먼저 런칭하고, 그 노하우를 익혀 국내에서도 안정적으로 성공하고 싶은 욕심이 있었기 때문이기도 하다.

만약 〈탑블레이드〉를 순수하게 국내에서 100퍼센트 제작했다면, 이만큼 성공할 수 없었을 것이라고 딱 잘라 말할 수 있다. 상품으로서도 세계적인 성공을 이끌어낸 흥행작도 절대 될 수 없었을 것이다. 그리고 한일 합작품의 크레디트에 한국 스태프의 이름을 올린 최초의 일본 TV 방영 작품이 되었다는 데도 큰 의의가 있다.

지금은 창조적이어야 한다

한때 우리 회사의 주력 상품인 로봇 완구 역시 아이들의 눈높이로 다가갔기 때문에 성공을 거둘 수 있었다. 끈끈이, 도깨비볼, 팝콘 등을 연달아 히트한 이후 우리 회사가 두각을 나타낸 분야는 로봇 완구였다.

1989년대 후반 어느 날 나는 아이와 함께 백화점에 갔다. 백화점 진열대에서 로봇 완구를 본 아들은 로봇을 끌어안고 사달라고 졸라 댔다. 아이가 큰 로봇을 가슴에 안고 있는 모습을 보면서 '바로 이 게 사업 아이템이 되겠구나.'라는 직감을 얻었다. 당시 국내에는 제대로 된 로봇이 없었다.

그래서 나는 1990년, 통역을 한 명 구해 일본 다카라를 찾아가 기술 제휴를 요청했다. 다카라 같은 회사에서 한국의 작은 회사를 믿어줄 리 없었다. 그때만 해도 일본인들에게 한국은 짝퉁을 만들고 해적판이 판치는 나라라는 인식이 강했다. 뉴욕 토이쇼에 가서 한국에서 왔다고 하면 신제품 샘플을 잘 보여주지 않던 시절이었다. 워낙 모방을 잘한다고 경계했기 때문이었다. '모방은 성공의 어머니'라고 배우던 시절이었다.

그러나 지금은 다르다. 창조적이어야 한다. 그렇지 않으면 살아남기는커녕 시장에 내놓자마자 사장되어버린다. 마침 다카라에서 팔지 못한 로봇 완구를 창고에 쌓아두고 있었는데, 일단 거래를 트는 차원에서 재고의 일부를 싼 가격으로 가져와 한국에서 팔았다. 일본인의 특성상 신뢰를 중요시하는 터라 처음부터 큰 것을 덥석 쥐어주진 않는다. 내게 진짜 필요한 것은 기술 제휴였다. 내가 엔지니어라는 것에 신뢰를 가지고 다카라는 차츰 마음의 문을 열었다.

다카라 또한 선친의 대를 이어 내려오는 엔지니어를 기반으로 이끌어가는 회사였기 때문이다. 나는 로열티를 제공할 테니 기술을 제휴해달라고 요청했고 협상은 잘 풀려나갔다. 그때부터 우리는 다카라의 로봇 완구를 한국에서 만들어 일본에 역수출하게 됐다. 손오공이 다카라의 OEM이 된 셈이다. 손오공은 이 일을 계기로 세계 최고의 로봇 완구 제조 기술을 얻었다.

우리 회사가 만든 로봇 완구가 홍콩과 미국 하스브로 같은 회사에 수출됐다. 미국 하스브로와 일본 다카라는 스티브 스필버그가 제작해서 유명해진 〈트랜스포머〉의 완구로 엮여 있었다. 원래 트랜스포머는 다카라의 완구였다. 그런데 미국 하스브로가 이를 미국식으로 살짝 바꾸어 대성공을 거두어, 다카라와 거래한 지 8년 만에 오늘날 세계적인 완구 회사가 되었다. 트랜스포머 로봇의 인기에 힘입어 미주와 유럽에서는 마니아가 형성될 정도로 많은 사랑을 받아 영화로까지 제작된 것이다.

상품을 사용할 고객 속으로 철저히 파고들어라

나는 1990년대 한국에서 로봇 완구 시장을 키워나갔다. 시장에 내놓는 로봇마다 불티나게 팔려나갔다. 하나의 완구가 완성되기까지는 크게 5단계가 필요하다. 첫째는 기획 단계다. 둘째는 샘플 테스트다. 셋째는 금형을 만드는 단계다. 넷째는 생산, 조립하는 단계다. 마지막으로 영업이다. 나는 이 다섯 단계를 몸소 익히면서 이 자리까지 왔다.

만약 제품에 결함이 있다면 내 손으로 직접 그 결함을 보완할 수 있다. 크리스마스와 연말 시즌이 되면 상점에서 손오공 제품은 완전 매진된다. 상점 쇼윈도에 진열한 전시품까지 없어지고 만다. 손오공의 브랜드를 가진 완구의 인기는 최고라고 감히 말할 수 있다.

어린이 제품은 어린이가 가장 잘 안다. 나는 새로운 로봇 완구를 만들면 유치원에 다니던 우리 아이에게 먼저 가지고 놀게 해 문제점을 찾아보라고 했다. 그러면 아이는 "아빠, 여기가 잘 안 맞아!" 하면서 제품의 문제점을 족집게처럼 찾아냈다. 아무리 직원이 품질관리를 잘했다고 해도 아이에게 걸려들곤 했다.

1990년에 삼성전자가 최고의 AS로 성공을 거두었듯, 완구회사 손오공도 그 당시 혁신적인 AS를 실시했다. 나는 전자제품만 AS가 되는 것이 아니고 완구도 AS가 된다고 사람들에게 알리기 시작했다. 고객이 고쳐달라고 하면 부속품을 무상으로 바꾸어주었다. 그런 서비스는 당시 시장에서 큰 이슈가 됐다. 지방 상점에서도 손오공의 이름이 알려졌다. 손오공 제품은 품질도 좋았고, 다른 회사에선 생각지도 못한 AS를 해주고, 아이들에게 로봇 완구를 갖고 놀게 해서 문제점을 찾아내려는 노력도 열심히 했다.

유명한 그룹 사원들은 어느 거래처에 가도 알아주지만 이름 없는 브랜드는 그렇지 않다. 우리가 "손오공입니다."라고 전화를 하면 "나는 저팔계요."라고 장난스럽게 답하기도 했다. 그렇게 손오공의 명성은 쌓여갔고, 손오공은 많은 부모들이 알아주고 인정해주는 브랜드로 성장했다.

손자孫子는 '지피지기면 백전불태知彼知己 白戰不殆'라고 했다. 사업
을 하려면 무조건 덤빌 게 아니라 내가 만든 상품을 사용할 고객들
속으로 들어가 그들이 원하는 것을 철저히 알아내야 한다.

언제나 내가 가진 것을
먼저 생각하라

몇 년 전부터 이제 곧 국민소득 3만 달러 시대가 도래할 것이라고 부르짖는 소리를 매스컴에서 자주 듣는다. 대한민국은 세계 10위권의 경제 대국으로 도약했지만, 한편으로는 스스로 목숨을 끊는 젊은이들이 1년에 300여 명이 넘는다고 한다. 얼마 전에는 '로봇 천재'라 불리던 청년이 카이스트에서 어린 나이로 세상을 등지기도 했다. 미처 그 충격에서 벗어나기도 전에 또다시 카이스트 학생이 자살을 했다는 소식으로 온 나라가 술렁거렸다.

팀워크보단 개인 경쟁이 심해 심적으로 스트레스가 많아 벌어지는 현상인 듯하다. 심지어 사회적으로 잘 알려진 유명인조차 자신의 손으로 목숨을 거두는 일이 끊이지 않고 있다. 코스닥 상장회사를 경영하는 대표가 갑자기 자살했다는 뉴스도 내 눈이 휘둥그레지게 만든다.

우울증은 대한민국 사회의 표피 밑으로 광범위하게 퍼져가고 있다. 아마도 화려한 무대 뒤에 공허한 어둠이 깔려 있는 느낌 때문일 것이다. 모두 알면서도 애써 고개 돌려 못 본 척하고 있을 뿐이다. 하지만 부정적인 일이라도 계속해서 긍정적인 것으로 생각을 돌려 놓으면, 자연스레 마음과 몸이 익힌 대로 바뀌게 된다. 사람은 누구나 다 탤런트다. 항상 마음이 아프고 슬프다고 생각하면 정말 슬픔이 밀려들어 우울해진다. 언제나 긍정적이고 즐겁게 생각하면 얼굴에도 화사함이 물들고 표정이 밝아진다.

어차피 자신에게 닥친 상황은 변하지 않는다

사람들은 왜 절망할까? 2008년 미국발 세계경제 위기가 닥쳐오자 개인의 노력은 철저히 짓밟히고 말았다. 주식은 곤두박질치고, 펀드는 쪽박이 되고 부동산은 폭락했다. 나를 포함한 많은 사람들이 가슴에 상처를 입었다. 개인의 노력만으론 거대 자본과 금융 시스템의 폭풍을 피할 수 없다는 사실에 넋을 잃고 하늘만 쳐다볼 뿐이다.

사람들은 누군가로부터 마음의 위로를 받고 싶어 한다. 자신의 마음을 어떻게 다스려야 할지 모르고 있다. 이런 현상을 어떻게 극복할 것인가. 젊은이들은 어디에서 삶의 목표와 희망을 찾아야 할 것인가.

지금 내가 가지지 못한 것보다 가진 것을 먼저 생각하는 것에서 그 답을 찾으라고 말하고 싶다. 어디를 둘러봐도 희망이라는 빛줄기가 보이지 않을 때 사람들은 절망한다. 그리고 그 절망의 길로 곤두박질치게 하는 지름길은 지금 내가 가진 것보다 현재 가지지 못한 것을 자꾸 생각하는 것이다.

요즘은 선생님이나 공무원처럼 정년이 보장된 직업이 아니면 어떤 직종이나 현역에서 일찍 퇴직하는 시대이다. 빠르면 30대 중반부터 시작되어 40대를 넘기면서 가속도가 붙는 듯하다. 그러다 보니 제2의 직업을 찾는 사람들이 많다.

하루는 회사 구내식당에서 밥을 먹는데 앞자리에서 밥을 먹던 한 직원이 "웹디자이너로 활동하던 친구가 얼마 전에 일을 그만뒀는데 뭘 하면 좋을까요?"라고 물어왔다. 우선은 "다른 데 취직할 데가 없느냐?"라고 물었더니 "30대 후반의 나이라 앞으로 정년에 구애 없이 할 수 있는 자기 사업을 하고 싶어 합니다."라고 했다. "그래? 생각해둔 게 있대?" 하고 물었더니 "평소에 요리에 관심이 많은 친구라 오피스가에서 직장인들을 대상으로 웰빙 샐러드바를 하고 싶어 합니다."라는 대답이 돌아왔다.

요즘은 남녀노소 할 것 없이 건강과 다이어트가 관심사 아닌가. 늘 외식을 하게 되는 직장인들 역시 건강과 다이어트가 걱정일 테니 그런 곳이 있다면 나도 가고 싶을 것 같다. 그래서 "아이템이 좋은데 시작해보지 그러냐?"라고 했더니, 지금 그 친구가 가진 전 재산이 3억 원가량인데 혹시 잘못돼서 그 돈을 날릴까 봐 시작을 못 하고 있다고 한다. 또 가게를 시작하면 하루 종일 붙어 있어야 할 텐데 그것도 자신이 없다는 것이다. 자꾸 이런 부정적인 생각이 드니까 미래가 불안해 밤에 잠도 안 오고 급기야 조울증 증세도 보이고 있다고 했다.

고민하는 사이에 빨리 조리사 자격증이라도 따두는 게 훨씬 희망적인 자신의 미래를 여는 방법이다. 시작도 해보지 않고 생각만으로 미래를 단정하는 것만큼 어리석은 것도 없다.

어차피 자신이 처한 상황은 변하지 않는다. 그렇다면 그 상황을 어떻게 받아들이고 헤쳐 나갈 것인지를 고민해야 한다. 이왕이면 현재 내가 갖지 못한 것, 앞으로 갖지 못할 것 때문에 실망하고 절망하기보다, 내가 현재 가진 것을 생각하고 자신에게 닥친 상황을 잘 헤쳐 나가야 한다.

유리컵 속에 물이 반 잔 채워져 있을 때 어떤 사람은 "물이 반 잔밖에 차 있지 않다."라고 말하는 반면, 어떤 사람은 "물이 반 잔이나 차 있네."라고 말한다. 같은 상황에서도 긍정적인 사고를 하는 사람이 행운을 얻는다. 행운도 준비가 되어 있는 사람에게 찾아온다.

구토 후의 깨달음

일이 없는 것처럼 불행한 것도 없다. 할 일이 있다는 것이 얼마나 축복인지를 알아야 한다. 나는 일이 있다는 것 자체가 얼마나 행복한지 경험했기에, 지금도 일하는 즐거움과 일하는 달콤함을 느끼며 열심히 살아간다. 직장이 없는 사람은 직장을 가지고 있는 사람을 얼마나 부러워하는지를 알아야 한다.

하는 일 없이 3개월을 논 적이 있다. 1980년쯤이었다. 하루 이틀이야 괜찮았지만 며칠 지나니 노는 것도 지겨웠다. 주위의 시선도 따갑고 이래저래 노는 것처럼 힘든 일도 없었다. 어머니 연세는 자꾸 들어가고, '더 나이 드시기 전에 땅 한 평이라고 사드려야지!' 하는 생각에 마음은 급한데 거리엔 나 같은 실업자가 가득했다. 일거리도 없고 갈 길을 못 찾아 세상이 어둡게만 보였다.

그러던 1980년 5월 어느 날, 충청도에 있는 예당저수지로 강원이란 친구와 낚시를 하러 갔다. 당시 사회 분위기는 신군부가 들어서 혼란스럽고 어지러웠다. 일을 하려 해도 제품을 만들 재료 수급조차 잘 안 됐다. 자고 나면 청년들이 없어졌다는 소문이 퍼지고, 일부는 삼청교육대로 잡혀가 정신교육을 받게 된다는 이야기가 전해지면서 사회는 공포 분위기에 휩싸였다. 영등포시장에도 군인들이 총을 들고 진을 치고 있었다.

사회가 불안하니 기술 투자는 얼음처럼 굳어버렸다. 이런 상황에서 작은 기업이 살아남기는 어려운 일이다. 차라리 술이라도 잘 마신다면, 다음날 기억이 나지 않을 정도로 술을 진탕 마시고 미친 듯이 소리라도 질러봤으면 하는 심정이었다.

사는 것도 힘든데 죽으면 그만이지 하는 심정으로 친구하고 초

저녁부터 새벽이 다 되도록 술을 마셨다. 그날은 이상하리만큼 술이 잘 들어갔다. 한 치 앞도 보이지 않는 어두컴컴한 새벽이 되자 속이 출출했다. 라면이라도 끓여 먹으려니 물이 필요했다. '어차피 죽을 건데 아무거나 먹으면 어때?' 하는 마음에 아무 생각 없이 저수지 물로 라면을 끓여 먹고 밤을 새웠다.

물안개 사이로 햇빛이 서서히 밝아 오고, 저수지 물 위로 빛이 반사되어 눈이 부셨다. 신비스러운 광경이 차분한 마음으로 나를 끌어들였고, 한참이나 고개를 숙여 깊은 생각에 빠지게 했다. 그런데 자세히 보니 저수지 물이 너무 더러웠다. 물이 출렁거릴 때마다 미생물과 이물질이 들락날락했다. 그걸 보는 순간 속이 울렁거리고 구역질이 날 것 같았다. 그런 물을 퍼서 라면을 끓여 먹었으니……. 갑자기 술이 확 깼다.

지난밤의 생각과 아침의 생각이 달랐다. 붉게 솟아오르는 태양 앞에 서자 죽고 싶은 생각이 싹 사라졌다. 원효대사가 간밤에 자신의 목을 시원하게 축여준 바가지가 해골이었다는 사실을 알고, 구토 후 깨달음을 얻었다는 이야기와 비슷했다. 그 사건은 젊은 시절 거쳐 가야 할 과정이었나 보다.

새벽을 여는 사람들 속에서 발견한 희망

그리고 서울로 돌아와 나는 다시 영등포시장으로 갔다. 시끌벅

적하고 사람들이 고래고래 소리 지르는 모습 속에서 생동감을 느꼈다. 머릿속이 복잡하거나 삶이 힘들 때 재래시장으로 가보라. 고故 박봉성은 만화 《새벽을 여는 사람들》을 통해 부산 자갈치시장의 생명력과 시장 사람들의 활기찬 하루를 그려내 많은 독자들에게 희망을 주었다. 내가 그러했듯, 여러분도 분명히 그 속에서 '희망'이라는 단어를 발견하게 될 것이다.

피할 수 없으면 즐기라는 말이 있다. 호사다마好事多魔라고 하지 않던가! 나는 모든 것을 긍정적으로 생각한다. 누구든, 있으면 있는 대로 없으면 없는 대로 고민이 있는 법이다. 모든 일에 대해서 깊이 들어가 보면 아마도 살아생전 편한 날이 얼마나 있을까?

'평범하다'라는 말을 자칫 별 볼일 없는 것으로 생각하기 쉬운데, 평범하다는 것만큼 위대한 진리도 없다. 지금 자신이 너무 평범해서 보잘것없이 생각된다면, 내가 지금 가지지 못한 것보다 내가 가진 것을 먼저 생각해보라. 그러면 같은 상황 속에서도 부정적인 생각보다는 긍정적인 생각이 훨씬 더 강하게 들 것이다.

모든 출발점은
'인간'이다

나는 언제나 부족한 사람이다. 남이 부족하다고 해서 그런 게 아니라 나 스스로 언제나 부족하다고 생각하며 살고 있다. 한양대학교에서 명예 경영학 박사학위를 받긴 했지만, 해외에서 석·박사 학위를 따온 CEO에 비한다면 서류를 처리하는 능력 등에서 아직도 많이 부족하다고 생각한다. 그래서 더욱더 열심히 책임 있게 산다.

그리고 학력은 부족하지만 나는 어떤 어려운 일이 닥친다 하더라도 당황하지 않고, 무엇이든 끝까지 집중해서 만들어내는 장점을 가지고 있다. 어머니 밑에서 자라던 어린 시절부터 몸에 익힌 습성이다. 어머니는 글을 몰랐지만, 늘 어떤 일이든 집중하고 노력해서 마무리했다. 여기서 잠깐 어머니 이야기를 하려고 한다.

인간의 내면에 다가가라

앞으로 우리 사회는 문화 콘텐츠를 첨병으로 한 소프트파워가 주도하는 사회가 될 것이다. 문화 콘텐츠 산업은 분명 미래 비전 사업이지만, 미래 비전 사업일수록 '인간 중심' 사고에서 출발해야 한다. 지금까지는 기술의 진보를 부르짖으며 앞만 보고 달려왔다면, 이제는 우리의 내면으로 다가가 사람들이 원하는 것을 만들어야 한다.

애플의 아이폰과 아이패드가 세계적으로 선풍적인 인기를 끄는 것도 하드웨어적인 접근이 아니라 인간 중심의 소프트웨어적인 접근을 했기 때문이다. 아이패드 2의 광고를 보면 "기술은 좀 안 보여도 된다. 우리가 보여주고 싶은 것은 인간이다."라는 메시지가 눈에 띈다. 이제는 사람이 기술에 맞추는 게 아니라 기술이 사람에 맞추어야 한다는 말을 강조한 뜻이 담겨 있다.

우리 손오공에서도 장난감을 만들 때 어떻게 하면 아이들의 인체에 해가 안 되고, 아이들의 놀이 문화와 정서에 도움이 될까를 가장 우선적으로 생각한다. 지금은 삶의 질이 무엇보다 중요한 시대이기 때문에 인간 중심의 사고는 앞으로 더욱 강조될 것이다.

이러한 시류를 좇아 최근 인문학을 다시 봐야 한다는 바람이 불고 있다. 또 시간이 흐르면서 지나간 것을 다시 찾는 복고가 대세이다. 이런 것만 봐도 삶의 깊은 맛은 결국 인간에게서 나온다고 할 수 있다. 인간의 정서와 관심에 호소해야 하는 문화 콘텐츠 사업의 출발점도 반드시 인간이어야 한다.

인간을 이야기하는 만큼 그 중심에 있는 가족, 특히 오늘의 내가 있기까지 절대적인 영향을 미친 어머니에 대한 이야기를 하지 않을 수 없다. 부모님을 저버리고 잘되는 사람은 별로 없다. 가장 근원적인 인간애가 결여된 사람이기 때문이다. 모든 인간과 생명의 출발점은 어머니라는 사실을 알면, 모든 창조의 근원 또한 어머니와 연결된다는 것을 알 수 있다.

부모님을 저버리고 잘되는 사람은 없다

누구나 어머니라는 말을 떠올리면 가슴이 아려오겠지만, 특히 나는 어머니에 대한 기억이 누구보다 많다. 어머니는 마흔세 살에 나를 낳았다. 내가 세 살 때 아버지가 돌아가시고 난 후 행상을 하며 고단한 삶을 살았다. 여인의 몸으로 한 손에는 어린 아들의 손을 잡고, 머리에 무언가를 한 아름 이고, 어깨에는 소쿠리를 주렁주렁 매달고 매일 수백 리 길을 걸어서 행상을 다녔다.

큰 형은 나와 스물다섯 살 차이가 나고, 셋째 형과 나는 여섯 살 차이다. 큰 형은 그때 결혼도 했고 다른 지방에서 전투경찰로 근무하며 살고 있어 어머니가 이렇게까지 고생하는 걸 몰랐다. 어머니는 자식들한테 고생하는 티를 안 내려고 아들 며느리가 온다고 하면 곱게 단장을 하고 계셨다.

아무리 고생을 해도 큰형을 아끼는 마음은 대단했다. 큰형이 옆에 없을 때도 내가 형이라고 말하면 형님이라고 부르라고 할 정도였다. 그만큼 큰아들에 대한 사랑과 애착이 컸다. 돈을 모아도 어머니가 쓰기보다 큰아들에게 도움을 주려고 애를 썼다. 큰아들을 집안의 대를 이을 어른으로 생각한 것이다.

호기심이 많은 나는 어머니 행상을 따라다니면서도 궁금증이 생기면 꼭 알아내야 속이 시원했다. 한번 질문을 하면 그것을 알 때까지 계속 물어봐서인지 어른들은 나를 귀찮아하기도 했다. 이런 나의 궁금증은 간혹 꿈으로까지 이어졌다.

그리고 새벽에 일어나 공부하는 습관을 가지며 내가 알고 싶은 것을 계속 알고자 했다. 한자 1,800자와《영어의 첫걸음》같은 책을 보며 한자나 영어를 외울 때까지 공책에 계속 써나갔다. 어머니는 공부하고 싶어 하는 내 마음을 아는 듯, 내가 자는 동안 고구마를 삶아놓았다. 새벽에 눈을 떠보면 언제나 머리맡에 고구마가 놓여 있었다.

언젠가 명문 S대를 졸업한 고등학교 선생님을 만나게 되었다. 선생님이 궁금한 것이 있으면 질문을 하라고 해서 "허공의 반대말이 뭐예요?"라고 물었더니, 선생님이 대답을 못하고 얼굴이 빨개졌다. 오히려 내가 미안해서 몸둘 바를 몰랐다. 서울 시내도 내겐 학교였다. 그 시절엔 곳곳에 한자 간판이 많았다. 모르는 글자는 적거나 외워두었다가 집에 와서 사전을 보고 공부했다.

나는 지금도 어머니가 우릴 버리지 않고 길러준 것을 감사하게 생각한다. 그 당시 영등포역 근처에는 짐을 나르는 소달구지들이 모여들었고 연탄 찍는 공장도 있었다. 지금의 신도림역은 연탄을

찍기 위해 석탄가루가 수북하게 쌓여 있던 자리였다. 문래동 주위
에는 자식들을 놔두고 집 나간 부모들이 종종 있어, 쓰레기를 뒤지
며 사는 아이들이 많았다.

그 아이들에 비하면 나는 행운아라 할 수 있다. 어머니의 모성이
강한 덕분이었다. 문래동 2가에 있던 행상들이 모인 누추한 집에서
하루하루 먹고사는 어머니에겐 내가 얼마나 귀찮은 존재였을까?
버려질지도 모른다는 두려움 때문에 어머니와 함께 행상들 틈에서
잘 때 아파도 억지로 눈물을 삼켰다.

어머니를 따라다니던 행상 길은 지금의 강남인 논현동을 거쳐
경기도 광주와 성남까지 걷는 긴 여정이었다. 산 넘어 산인 그 길을
어떻게 걸어갔을까? 저 멀리 굴뚝에서 하얀 연기가 모락모락 피어
오르던 모습이 생각난다. 걷다가 해가 지면 남의 집에서 하룻밤을
보내야 했다. 그때만 해도 인심이 좋아 우리를 매정하게 거절한 사
람은 내 기억엔 한 명도 없었다.

그 시절엔 식당이 없어 끼니 때면 어머니는 재워준 집에서 밥 한
그릇을 얻어 나를 먹이고 물 한 바가지로 허기를 달래곤 했다. 나는
그런 어머니가 안쓰러워 밥을 먹다 "배가 아프다."며 밥을 남겨 어
머니가 드시게 했다. 어머니는 식사를 하고 신세진 집에 마땅히 보
답할 게 없어 작은 소쿠리로 인사를 대신했다. 나는 이런 모습을 어
릴 때부터 보아왔기 때문에 어머니를 생각하면 언제나 마음이 아파
온다. 땅 한 평 없이 살면서 품삯을 받고 남의 집 일을 하는 것이 어
린 가슴에도 항상 걸렸다.

나는 돈을 벌어 어머니께 해드리고 싶은 것이 많았다. 어릴 적에는 돼지 저금통에 돈을 모아 해마다 아버지 제사 때가 되면 돼지고기 반 근을 사다 드렸다. 청년 시절에는 돈을 모아 금반지를 해드렸다. 어머니가 반지를 끼고 뿌듯하게 바라보던 모습을 생각하면 지금도 눈물이 고인다.

효를 행하는 사람은 절대 배반하지 않는다

부모의 마음을 헤아리면 효는 자연스러운 일이 된다. 나는 부모에 대해 이야기를 할 때 고려장을 예로 들곤 한다. 자식이 노모를 고려장 지내려고 지게에 지고 산속으로 가는데, 노모는 소나무에 달린 솔방울을 따서 길에 떨어트린다. 자식은 '어머니가 되돌아오려고 하나?'라고 오해해 화를 내지만, 어머니는 자식이 산속에서 되돌아가는 길을 잃을까 봐 걱정되어 솔방울로 길을 표시해둔 것이다. 마지막까지도 자식 생각에 맘을 못 놓는 부모의 심정을 담은 이야기다. 그게 바로 자식이 헤아리지 못하는 부모의 깊은 마음이다.

요즘은 자식이 독립해 가정을 꾸리고 부모와 따로 산다. 그런데 늙어 힘없는 부모 가운데 그런 상황을 바라는 이가 얼마나 되겠는가. 그런데도 지하실 작은 쪽방에서 외롭게 말년을 지내는 노인들을 소개하는 뉴스를 종종 보게 된다. 그분들에게도 자식들이 있을 것이다. 자식으로서 아무리 서운한 마음이 있더라도 부모는 부모다. 언제 어느 때나 자식이 잘되기만을 기도하는 게 부모의 마음이다. 그러므로 부모를 모시는 건 당연한 일이다. 나는 감히 '모신다'는 이야기를 못 하겠다. 자식으로서 당연한 도리인데, 모신다는 것은 정말 참 대단한 일이기 때문이다.

자식 입장에선 나이 든 부모가 부담스러울 수 있다. 부모와 자식 간에 갈등이 빚어지고 감정의 골이 깊어지면 서로 풀기가 어렵다. 나이가 많아질수록 부모는 어린아이처럼 변한다. 몸이 말을 안 들어서 맘대로 안 되니 속상해서 그런 것이라 생각하면 쉽게 이해할 수 있다. 몸도 마음도 옛날 같지 않아 모든 것에 낙심하고 있을지 모르는데, 젊은 사람들과 똑같이 행동할 수 있다는 생각으로 대해서는 안 된다. 어린아이와 같은 사고와 동시에 기품을 갖춘 어른이라는 점을 자식으로서 이해하면 모든 문제를 극복할 수 있다.

몸은 말은 안 들어도 단 한 가지 자존심은 그대로 가지고 있다. 젊었을 때는 항상 늙지 않을 것으로 생각하지만 언젠가는 그렇게 늙게 되고, 그 자리에 곧 내가 있게 될 것이라는 생각을 한 번쯤은 해보아야 한다. 부모님은 뭔가 대단한 걸 해주길 원하지 않는다. 바쁘게 살다 보면 하루하루가 쌓여 어느덧 벌써 한 주가 되지 않던가. 그러니 그 흔한 전화 한 통이라도 자주 하면 된다.

나는 어렸을 때부터 어머니에게 작은 텃밭을 사드리는 게 소원이었다. 드디어 텃밭도 있고 뒤뜰이 있는 집으로 이사하는 날이 왔다. 하지만 그게 다가 아니었다. 내가 미처 헤아리지 못한 부분이 있었다. 땅이 있으면 땅을 일구며 맘 편하게 지내실 거라고 기대했지만 세월은 어머니를 그냥 놓아주질 않았다.

땅이 있어도 몸이 안 따라가 땅을 가꾸는 일이 기쁨보단 버거움으로 작용해 마음이 무척 아팠다. 그 일로 깨달은 바가 많았다. 건강할 때 항상 작은 거라도 해드리는 게 중요하다는 사실을 말하고 싶다. 지금은 여행이라도 시켜드리고 싶은데 싫다 하신다. 당신이 예전 같지 않고, 남을 불편하게 하는 게 부담스럽고 익숙한 자리를 떠나면 편하지 않기 때문이다. 어머니는 편한 것을 좋아한다. 부모님이 원하는 걸 해 드리면 그게 바로 효일 것이다.

지금은 어머니가 원하셔서 실버타운에 계신다. '자식된 도리로 이래도 되는가.' 처음에는 전문가와 상담도 해보고 이미 경험한 집을 찾아가 조언도 받았다. 아무리 어머니가 원하시는 일이라도 막상 일을 저지르고 보니 자식으로서 마음이 그다지 좋지 않았다. 하지만 어머니는 친구분들과 함께 노래도 할 수 있고, 꽃꽂이도 하고 흙으로 그릇을 빚을 수도 있어 그곳이 좋다고 한다. 매주 일요일이면 나와 아이들은 어김없이 어머니를 뵈러 가는데, 다른 분들과 어울리며 즐거워하는 어머니를 뵐 때면 마음이 한결 가볍다.

내게 '효'란 '인간적'이란 단어와 동의어다. 효를 행하는 사람은 친구를 절대 배반하지 않는다고 나는 믿는다. 사람의 성품을 평가할 때 부모에게 어떻게 하는지를 보면 된다. 부모에겐 엉망으로 대하면서 주변 사람들에게 살갑게 대하는 사람은 가식적이라고밖에 볼 수 없다. 지금까지 남들이 좋다고 하는 것은 다 보고 다 먹어봤지만 따뜻한 어머니의 품만은 못했다.

제3장

포기하는 순간 모든 게 끝이다

소신과 집념이 없으면 무에서 유를 만들어내지 못한다

살아생전에 성공은 없다

모든 사람은 후세에 평가를 받는다. 살아 있을 때는 미처 주목받지 못했지만 죽고 나서 시간이 흐른 다음 진가를 더욱 인정받는 사람도 있다. 사물을 볼 때도 가까이서는 잘 안 보이지만 멀리 놓고 보면 다시 보이는 경우도 있다.

내가 존경하는 안중근 의사가 이토 히로부미를 암살했을 때, 일제는 그를 흉악범으로 몰아세워 참을 수 없는 고통을 주었지만 지금의 평가는 어떤가? 안중근 의사는 우리 민족의 영웅이다. 훗날 그의 진면모가 밝혀진 것이다.

흔히들 '샴페인을 너무 일찍 터트렸다.'라는 말을 많이 한다. 인생에서도 마찬가지다. 살아있을 때 '성공한 인생'이라고 말하는 것은 무척 조심스럽다. 과연 살아생전에 성공이 있을까? 나는 절대

"없다."라고 말하고 싶다. 이 말은 깊은 의미를 담고 있어, 한참 설명을 해도 무슨 말인지 알듯 말듯 할 수도 있다.

유명한 스타들도 삶의 마지막 순간에나 평가될 수 있다

이 말은 그동안 이루어놓은 업적을 인정하지 않는다는 것이 아니라, 살아생전에는 조심할 게 많아 늘 긴장해야 한다는 뜻이다. 예를 들어 아르헨티나의 마라도나나 골프 황제 타이거 우즈가 진정으로 성공한 선수인지는 아직 한참 더 기다려봐야 한다. 그가 이 세상을 떠나기 전 마지막 날에야 얼마나 큰 인물이었는지, 한 시대를 풍미했던 왕년의 스타로 평가받을지는 두고 봐야 알 수 있다. '팝의 황제'로 불리는 마이클 잭슨은 전 세계에 이름을 널리 알렸지만 결코 성공한 삶이었다고 말하기는 어렵다. 그만큼 인생은 겸손하게 살아야 한다는 뜻이기도 하다.

이는 내가 지금까지 살아오면서 터득한 지혜다. 나 역시 성공한 인생이라고 말할 수 없다. 아직 제대로 정리되지 않아 평가하기엔 이르다. 돈을 크게 벌었다고 다 성공한 것은 아니다. 돈도 어떻게 잘 쓰느냐에 따라 성공의 평가가 달라진다.

이제는 나이 오십 줄에 들어서니 친구들 부모님이 한 분 두 분 세상을 떠나고, 그동안 만나지 못했던 친구들을 종종 장례식장에서 보게 된다. 친구들이 만나면 하는 말이, 내가 성공을 했다고 자식들한테 자랑한다는 것이다. 맨주먹으로 여기까지 온 과정을 설명하면 "정말 아버지 친구가 그런 분이냐?"라고 되물어본다고 한다. 나는 그런 말을 들을 때면 이렇게 말해준다. "살아생전 성공은 없는 것이니 친구도 힘을 내라." 우리는 지금 가고 있는 과정이기 때문에 나중에 어떻게 될지는 아무도 모른다.

부자라는 개념에 대해서도 다시 생각해봐야 한다. 돈만 많다고 부자라고 할 수 있는 것은 아니다. '마음의 양식'이라는 말이 괜히 있는 게 아니다. 남 부럽지 않게 돈을 실컷 써봐도 허한 마음은 달랠 길이 없을 것이다. 재벌 2세라고 해서 힘 안 들이고 살지는 않는다. 선대에서 물려준 재산을 지켜나가고 관리하는 것이 더 어려울 수도 있다. 조상의 품위에 손상이 안 가게 하면서 모든 일을 해야 하기 때문이다. 마음의 양식, 그 안에 있는 사람만이 진정한 부자일 것이다.

CEO라면 끊임없이 개발하고 인력 창출을 하는 사람이 인정을 받아야 한다. 남에게 피해를 안 주고 정정당당하게 살아야 성공한 인생이다. 페어플레이를 하면서 이룩해야 진짜 성공이다. 반칙으로 얻은 성공은 잠깐 사람들 눈을 속이는 속임수일 뿐이다. 내가 가진 역량이 있다면 힘들다고 그것을 버리지 말고, 사회 공익을 위해 유용하게 사용할 수 있도록 하는 것이 바람직하다.

예를 들면 발명왕 에디슨 같은 사람이 발명이 힘들다고 피하는 것은 옳지 않다. 표현이 적절한지는 모르지만 자기의 역량이 있는데도 회피하고 도피하는 건 비겁하다. 그러니까 자신이 가지고 있는 아이디어와 역량은 머리에 가둬두지 말고 사회에 환원해야 한다. 나는 내 돈 가지고 미련하게 사업한다고 할 수도 있겠지만, 가진 것도 배운 것도 없는 사람이 지금 이 자리에 있게 된 것만 해도 진정으로 행복하다.

2005년부터 골프를 중단하고 IT완구와 온라인 게임이 성공할 때까지 개발에 집중하겠다는 결심을 했다. 대신 정신력과 심신을 단련하기 위해 일주일 중 하루는 산에서 시간을 보낸다. 그렇다고 일을 놔두고 무작정 산으로 도피하는 것은 아니다. 산에 오르기 전에는 최선을 다해 일 처리를 한다.

어차피 정해진 길이라면 갈 수밖에 없지 않은가? 남들은 어떤지 모르겠지만 내겐 등산이 상당한 위안이 된다. 산은 추운 겨울일수록 마음을 더 단단하게 다지게 한다. 여름 산행은 온몸에 비 오듯 땀을 적셔도 내일을 기약하게 한다. 산에 올라갈 땐 어떤 상황이든 모든 것을 잠시 잊을 수 있어 기분이 좋아진다.

이 세상에 영원한 일등은 없다

좋은 일이든 나쁜 일이든 사람들이 만들어놓은 것이라면 분명히 해결책이 있게 마련이다. 그런데 근본적으로 해결이 잘 안 되는 문제가 사람들 사이에서 일어나는 갈등과 오해다. 특히 직원들과의 관계는 언제나 쉽지만은 않다. 나는 직원들에게 좀 더 긍정적이고 적극적으로 다가가려고 하지만, 어느새 나이가 들어 내 생각과 달리 직원들이 나를 어려워해서 거리가 생기기도 한다. 그럴 때면 마음이 좀 씁쓸하지만, 그럴수록 나는 일에 더 집중하며 새로운 아이디어를 짜낸다.

온라인 게임도 내 기대치만큼 터져주지 않았다. 그래도 포기하지 않고 무엇이든 만들어놓으면 분명 먼 훗날 진가를 발휘할 것도 있을 것이다, 너무 앞서가서 미처 인정을 받지 못한 것도 있을 것이라고 스스로 위안하기도 한다. '이 세상에 영원한 일등은 없다.'라는 말은 지금까지 살아오면서 내 몸에 밴 신조다. 그만큼 일등은 항상 긴장해야 하고, 내가 뒤처져 있다 해도 곧 일등을 따라잡을 수 있다는 자신감이 깃든 말이기도 하다. 약점이 없어 보이는 챔피언도 언젠가는 누군가에게 지게 마련이다. 레너드, 해글러, 타이슨은 물론이고 이름을 날리던 권투 챔피언들도 결국은 패배한 후 링을 떠났다.

나 역시 완구 사업으로 승승장구하다가 2000년대에 들어, 새로운 사업 비전을 갖고 IT완구와 온라인 게임에 투자하는 바람에 고전했다. 임원들은 완구로 번 돈을 IT완구와 온라인 게임에 투자하는 데 반대했다. 그들은 회사를 위해서 반대의견을 내놓은 것이겠지만, 그 의견을 뒤로하고 나 혼자 모든 결정을 하려니 힘이 들었다.

새 사업에 반대한 임원들은 아예 관심을 두지 않고 불만스러운 태도를 보였다. 힘을 얻을 아이디어를 구하고 싶은데 말을 꺼내기조차 불편한 자리가 되고 말았다. 이런 나에게 주위 사람들은 "이제는 관리나 잘해서 여생을 보낼 생각을 하지 왜 이리 어렵게 도전적인 사업을 하느냐?"라고 묻는다. 그러면 나는 반사적으로 "오늘날 삼성을 보라!"라고 답한다. 1980년대 초중반 삼성전자가 부도난다는 루머가 시중에 돌았는데 지금은 얼마나 대단한 기업이 되었는가. 그 당시 기술 투자를 한 이병철 회장이 삼성을 다 말아먹는다는 소문이 자자했다. 그때 기술 투자를 하지 않았다면 지금의 삼성이 존재할 수 있었을까?

불행한 생각 속으로 자신을 몰아넣지 마라

나는 지금도 기업가 정신으로 투자한다. 현재에 만족하고 그대로 안주하면 기업인이 아니다. 투자자들은 내 전문 분야가 아닌 게임 개발에 투자하는 걸 부정적으로 보았기 때문에 뒷짐만 지고 있었다. 그래서 나는 개인 투자를 했고, 지속적인 투자로 재산은 이것저것 다 담보 설정이 되고 부동산 거래도 막혀 빚 독촉에 시달리는 상황까지 갔다.

직원과 주위 사람들에게 내색은 안 했지만 세금과 대출 이자가 밀려들어 회사에 출근하면, 특히 개인 세금에 대한 독촉 스트레스가 가장 나를 괴롭혔다. 정말 그 고통은 말로 다 할 수 없는데, 그야말로 바람 앞에 촛불처럼 살얼음판을 걷듯 살았던 시기였다. 세금과 대출 이자는 평생 가는 곳마다 따라다니고 일하는 데도 지장을 많이 준다. 창업을 준비하는 사람은 이런 일들을 언제든 만날 수 있으니 각오하고 시작해야 할 것이다.

작은 차를 타다가 큰 차로 바꿨을 때의 기분은 이루 말할 수 없이 좋다. 하지만 큰 차를 타다 작은 차로 바뀔 때의 기분은 정반대다. 넓은 집에 살다가 작은 아파트로 옮기는 심정도 마찬가지다. 가족이 따라 주지 않으면 할 수 없는 일이다. 나는 과감하게 1,500평 규모의 온수동 저택을 팔고 아파트 전세로 들어갔다. 어머니와 함께 살려고 지었던 온수동 옛집은 온수역 바로 앞에 있는 누가 봐도 탐내는 요지였다. 지금은 목동에 아파트를 사서 다시 이사 왔지만 그래도 온수동 옛집을 잊지 못하고 있다.

사람 사이의 오해는 마음을 갉아먹는다. 나는 누구보다도 손오공에 대한 애착이 강하다. 내가 만들고 일군 회사가 아닌가. 신규 사업을 시작하면서 손오공에 피해를 주지 않기 위해 초이락 게임즈라는 별도 회사를 만들었다. 초이락 게임즈에선 게임도 개발하고, 미래의 콘텐츠에 대해 많은 연구를 한다. 그런데 언제부턴가 내가 손오공 자금을 빼서 초이락 게임즈에 넣는다는 소문이 돌았다.

그런 이야기를 처음 들었을 때는 정말 기가 막히고 어이가 없었다. 지금이 어느 때인가? 직원이 서너 명인 것도 아니고 큰일 날 일이다. 그런 것이야말로 한순간에 평생 쌓아온 명예를 무너뜨리는 행위이다. 내겐 기술과 아이디어가 있다. 돈이 부족하면 다시 제품을 개발해서 자금을 만들면 된다.

나는 "사업가에겐 뇌가 두세 개는 있어야 한다."라는 말을 종종 한다. 괴로운 일이 생겼다고 구석진 곳으로 몰아놓고 몰두해선 안 된다는 뜻이다. 괴로운 일이 생길수록 넓은 곳으로 끌어내놓고 생각을 해야 한다. 사업도 마찬가지다. 한 가지 일에만 몰두할 수는 없다. 뒤에서 자세히 이야기하겠지만 강도 사건을 당해 병원에 있을 때, 나는 형사들과 함께 강도를 잡을 방안을 구상하면서도 직원들과는 팽이에 대해 많은 이야기를 했다. 불행한 생각 속으로 자신을 몰아넣어 자멸해선 안 된다. 다른 방향을 생각하면서 헤쳐 나갈 길을 모색해야 하는 것이 사업가의 태도다.

가난한 사람이라고 해서 마음마저 가난한 것은 아니다. 그럴수록 더욱 자신감을 가져야 한다. 앞에서 말했듯이 성공한 삶이란 마지막까지 가봐야 안다. 가진 것 없이 살아도 죽을 때 깨끗하다면 성공한 인생이다. 성공 여부는 나중에 아는 것이므로 미리부터 실망할 필요는 없다. 어떤 결정을 하느냐에 따라 성공과 실패가 갈리지만 그 결정은 우리의 몫이다.

불의와 타협은 없다

요즘 우리 사회는 정의를 갈구하고 있다. 한국을 비롯해 급속한 경제 성장을 이룬 세계의 여러 나라가 경제 발전이라는 목표 뒤로 사회 정의를 제쳐놓은 것이 사실이다. 하지만 이제는 어떤 목적이든 그것을 달성하기 위해 정의, 공동선 같은 것들을 제쳐놓아서는 안 된다. 이것은 비단 국가나 사회, 집단에만 국한되는 일이 아니다. 개인에게도 마찬가지로 정의가 있다. 그것은 절대 타협할 수 없는 내적 신념이다. 그 누구라도 순간이나마 경제적 성취, 탐욕에 눈이 멀면 불의, 부정, 부패의 노예가 될 수 있다.

나는 불의와는 아예 협상하지 않는다. 내가 어느 정도 부를 쌓자 나를 협박해 돈을 뜯어내려는 사람이 생겼다. 그것도 내가 가까이

하고 아끼던 사람이어서 더욱 가슴이 아프다. 그는 내가 배우지 못했어도 정이 많다는 사실을 잘 알고 있었다. 나는 고학생과 자금 부족을 겪는 창업자들을 오래도록 지원해왔다. 또 직원들과도 사장이라는 자리를 떠나 스스럼없이 잘 어울린다.

그는 나의 이런 점을 잘 이용하면 내가 쉽게 돈을 줄 것이라 생각했던 것 같다. 솔직하게 터놓고 돈이 필요하다고 부탁했다면 내 생각이 달라졌을 것이다. 그는 내가 불우이웃이나 어려운 직원들을 도와주곤 했는데, 자기는 도와주지 않는다고 주위 사람한테 불만을 토했다고 한다. 월급을 안 준 것도 아닌데 나는 의아했다. 도무지 이해가 가지 않았다. 불의의 협박에 내가 거부한 측면도 있었다.

때로는 만나지 말아야 할 사람을 만나기도 한다

나는 솔직히 장부를 잘 모른다. 오죽하면 세무서 직원한테 돈은 얼마든지 벌 수 있으니 관리 좀 해달라고 했을까. 1987년도 문래동에서 공장을 할 때는 정말 그랬다.

당시 담당 세무서 직원이 나에 대해 알고부터는 우리 여직원이 장부 정리하는 것을 도와주고, 세무사에게 의뢰도 해주었다. 나는 구멍가게같이 작은 공장을 운영할 때도 여직원에게 장부를 맡겨 정리하게 했다. 솔직히 지금도 나는 복잡한 장부를 훤히 볼 정도의 실력이 되지 않는다. 그 여사원은 시집갈 때까지 10년 동안 장기간,

우리 회사의 장부를 맡았다. 그 여사원의 친동생이 지금도 우리 회사에 근무 중이다.

장부는 내 영역이 아니기도 하거니와 장부에 기재되는 단어들도 사실 나는 잘 모른다. 가족이 아닌 남의 손에 돈 계산을 맡긴다는 사실 하나만으로도 떳떳하고 투명하다고 생각했다. 못 배운 것에 대한 항변 또는 변명이랄까, "장부를 많이 들여다보는 사장치고 돈 많이 버는 사람을 보지 못한 것 같다."라고 종종 말하곤 했다. 사장이라면 더 크게 보고, 장부 보는 시간에 상품을 더 개발하고 만들어서 파는 게 낫다는 게 내 경영 철학이기도 하다.

그때까지만 해도 내가 무언가를 개발하면 개발하는 대로 승승장구하던 시절이라, 나는 철없는 아이처럼 이 세상에서 안 되는 일이 없을 것만 같았다. 그러나 만나지 말아야 할 사람을 만날 수밖에 없는 것이 사람의 숙명인가 보다.

회사가 커지자 여기저기서 좀 더 노련한 관리 책임자가 필요하다는 조언을 했다. 그래서 지인에게 소개받은 한 인물을 바로 출근시켰다. 그 사람은 내가 오랫동안 운영한 개인회사를 법인으로 전환해야 세금이 덜 나온다고 강력하게 주장했고, 법인으로 전환할 때 실무를 맡았다. 지금은 법인 설립이 1인으로도 가능하지만, 그때는 반드시 3인 이상이 되어야 법인 등록이 가능했다. 그는 당시 관행대로 회사 지분은 믿을 수 있는 사람을 넣으면 된다고 했다. 그래서 친형들한테 부탁해서 지분을 나누었다.

하지만 시간이 지나면서 법도 바뀌었고 그런 관행은 더 이상 통용되지 않았다. 지분을 나누는 방법이나 방식이 잘못됐다면, 당시 담당자였던 그 사람이 다시 바로 잡아 주었어야 했다. 나는 이 문제에 대해 까맣게 잊고 있었다.

그런데 법인 설립 이후 9년이나 지나, 그가 이 사실을 세무서에 제보하겠다며 다른 사람 이름으로 은근히 협박하는 편지를 보내왔다. 내가 지분을 증여로 주었다고 주장하면서 그의 요지는 자신에게 돈을 달라는 것이었다. 지분을 정리하면서 내 이름으로 계좌에 돈을 넣고 찾고 했으니, 조사 받는 과정에서 내 이름이 찍힌 사실이 확인된다고 주장했다.

결국 나는 세금을 안 낸 기업인이 된 것이다. 어이없는 일이었다. 자세히 들여다보니 처음부터 아주 치밀하게 준비해온 듯했다. 어떻게 9년이 지난 일들을 자세하게 기록해 서류철을 혼자 가지고 있을 수 있는가? 탈세 혐의로 내부자 고발이 들어가면 무척 골치 아프다는 주변의 조언을 듣고 한동안 고민에 빠졌다. 아무 잘못 없는 형들에게도 피해를 줄 것이고 세금 폭탄을 맞을 수 있는 일이었다. 당시 증여세를 냈더라면 세금이 얼마 되지 않아서 좋았을 텐데 말이다.

차라리 세금 폭탄을 맞겠다

그 사람은 퇴사할 때까지 지속적으로 나를 협박했다. 그에게 이제 임원이 되었으니 일도 점점 많아질 테고, 후배들을 양성해서 노하우를 좀 전수하라고 한 말에 앙심을 품은 듯했다. 나는 CEO로서 당연히 할 말을 한 것뿐인데, 참으로 기막힌 노릇이었다. 나는 차라리 모든 자료를 들고 세무서에 직접 찾아가서 먼저 매를 맞자고 했지만, 밑에 있는 관리 직원이 차마 그럴 순 없다고 나를 말렸다.

내 명예가 하루아침에 무너지는 것은 아닌지, 이런저런 생각에 마음이 편치 않았다. 막막한 기분에 도저히 일하고 싶은 생각도 없고 일도 손에 잡히질 않았다. 혹시 회사에 지장이 있지나 않을지 걱정이 앞섰다. 직원들에게 조금이라도 흠 잡힐 일은 애초부터 만들지 않았다. 직원도 많아지고, 개발 일과 해외 비즈니스가 바쁘기도 해서 직원 관리가 부족했던 것은 사실이다. 전부터 경영자 선배들이 내게 관리부 직원들을 잘 관리해야 한다고 조언했지만 난 괜찮다고 자부했다. 이 일을 겪으며 그 말뜻을 알게 됐다.

CEO 입장에선 세무조사를 받는 것 자체가 큰 스트레스다. 한 안과의사는 내부자 고발로 거의 병원을 문 닫을 뻔했다고 한다. 자신이 감당할 수 없을 정도로 세금이 나온 것이다. 세무조사반까지 들이닥치면 거의 직장이 마비된다. 이 안과의사는 한때 억울해서 자살도 생각했고, 심지어 해외 도피처까지 알아보았다고 한다. 그러나 그 사건을 피하지 않고 잘 해결해 지금도 성공적으로 병원을 운영하고 있다.

세무조사를 받는다는 소문이 나면 일단 거래처들은 이를 민감하게 받아들여 오해를 한다. 그것이 사업자를 힘들게 하는 부분이다. 내가 내야 하는 세금을 자신들에게 떠넘긴 건 아닌지 의구심을 갖는다. 또한 관리자들이 이상 없다고 해도 조사하면 뭔가 잘못이 발견되게 마련이다. 그래서 피하고 싶은 것이 세무조사다. 특정 기업이 세무조사를 받으면 각 거래처가 불안에 떨며 거래를 끊는 사례도 많다. 나는 나 자신에 대한 걱정보다 세무조사로 인해 거래가 중단되지는 않을지 그 걱정이 더 앞섰다.

우리 회사는 완구 회사 아닌가? 영세한 거래처가 많다. 나를 협박한 직원은 그 사실을 잘 알고 있었다. 내게 돈을 수억 원쯤 뜯어내 로또 당첨된 셈치고 여생을 편안하게 보내려 했는지도 모르겠다. 주위에선 내게 그 사람과 협상을 하는 게 좋겠다는 조언을 했다. 무엇 하러 골치 아픈 상황을 만드느냐는 것이었다.

그러나 나는 자존심이 허락하지 않았다. 불의인지 알면서 협상하고 싶지는 않았다. 내가 뒷거래를 통해 그 사람에게 굴복한다면 일평생 나 자신이 비굴하고 비참할 것 같아 싫었다. 그래서 불의와는 더더욱 협상은 없다고 생각했다.

그 사람은 여생 동안 다른 사람들에게 비슷한 방식으로 얼마나 많은 불의를 저지르며 다니겠는가! 나는 그에게 마음대로 하라고 했다. 결국 그 사람은 지분과 관련한 서류를 세무서에 넘긴 것 같다. 그쪽은 너무나 정확하고 10년 전 일을 소상하게 알고 있는 반면, 나는 서류조차 없고 대체할 것도 없었다. 그 때문에 세무조사를 5개월 동안 받았다.

불의에 타협할 생각은 추호도 없다

나는 마음을 편하게 먹기로 했다. 그동안 밀린 세금부터 내야 했다. 어찌 됐든 내가 잘못한 것이고, 몰랐다 하더라도 내가 책임자인 만큼 책임을 져야 했다. 거의 10년에 걸친 세금 원금에 이자에 이자가 붙어 생각보다 세금이 많이 나왔다. 나는 세금을 내기 위해서 아끼던 부동산을 팔고 이미 투자하고 있는 회사의 지분을 일부 정리했다.

그 사람은 결과적으로 아무것도 얻지 못했다. 대신 어디 가서 또 다시 이런 식으로 돈을 뜯어내는 건 쉽지 않다는 교훈을 얻었을 것이다. 어려운 일을 당하면 그 순간은 피해가고 싶지만, 결국 정면으로 맞서서 적극적으로 문제해결을 하는 게 최선이라는 생각은 지금도 변함이 없다.

지금이라도 그 사람을 공갈 협박 혐의로 고소할 수도 있지만, 그쪽도 처자식이 있는 사람이거니와 나는 그 사람과 경쟁자가 아니기 때문에 그렇게 하지 않을 뿐이다. 대신 그런 일을 하고 다니면 언젠가는 제대로 된 임자에게 걸리게 마련이다.

그 사람이 사건을 주도했지만 퇴사한 직원 한 명이 그에게 동조한 걸 알았다. 그중 한 명은 다른 곳에 가서도 내게 한 짓과 비슷한 짓을 했다가 고발을 당해 재판을 받는 지경까지 갔다. 나중에 한 사람은 내게 미안하다며 눈물을 보였다. 나는 차를 한잔하면서 "너는 나를 속일 수 있지만 남들은 못 속일 것이다."라고 말했다. 이 말은 나는 알면서도 속아주었지만 세상은 그렇지 않다는 뜻이었다. 그는 고개를 숙이고 양 무릎에 손을 얹고 "맞습니다."라고 대답했다.

나는 세금이라면 누구보다도 투명하게 낸다고 자부하고 있다. 손오공이 완구업계에 진입한 시점은 1980년대 후반이었다. 당시 완구업계에선 세금계산서를 안 끊는 것이 관행처럼 되어 있었다. 업계가 영세하다 보니 판매점이 잡화점인지 완구점인지 잘 정리가 안 되어 있어, 세금계산서를 끊어야 하는 업체와 끊지 말아야 하는 업체가 구분조차 가지 않았다.

나라고 왜 유혹이 없었겠는가? 솔직히 말하면, 내가 경리 쪽으로는 배운 게 없어 부담도 되고 무서웠다. 혹여 일이 잘못되기라도 하면 남들처럼 부탁할 곳도 마땅치 않고 뒤를 봐줄 만한 사람도 없었다. 나는 세금계산서를 안 끊으면 업자에게 물건을 내주질 않았다. 그 때문에 손오공과 거래하려면 세금계산서를 끊어야 한다는 인식이 퍼져나갔다. 그래서 일하면서 욕도 많이 먹었다. 그래도 당시 업계에 세금을 내는 관행을 정립시켰다고 자부하고 있다. 내가 가진 재산보다 세금을 더 많이 냈다면 잘한 것이라고 지금도 생각한다.

막상 우리 회사를 조사한 세무서 직원들은 소문만 무성하지 개인적으로 돈 쓴 게 아무것도 없고, 투자나 남을 도와준 게 많다는 사실을 알고 오히려 안타까워했다. 주위에선 내가 돈이 많고 하는 일도 잘되니 행복하다고만 생각했지 얼마나 힘든 일을 겪었는지 잘 모른다. 그 사람이 내게 원한 것이 무엇이든, 그것이 불의라면 난 타협할 뜻이 없다. 만약 그런 사람에게 줘야 할 돈이라면 세금을 몇 배 더 내는 편이 낫다. 이것이 내 오십 평생 지켜온 신념이다.

이대로 잠에서 깨지 않았으면 좋겠다

그러나 세금이란 CEO에겐 큰 부담일 수밖에 없다. 나도 세금과 이자 문제로 잠을 이루지 못할 때가 많았다. 매일 자고 일어나면 주식 담보 부족분을 돈으로 막아야 하는 고난이 발생했다. CEO이기 때문에 있어도 없어도 말을 할 수 없다는 것이 얼마나 힘든지 겪어보지 않으면 모른다. 하루가 지날 때마다 '이대로 잠에서 깨지 말았으면 좋겠다.'라는 생각이 들기도 했다.

세무서와 금융권에서 은행 계좌 확인이 들어왔다. 직원들 월급 주려고 마련해놓은 돈도 세금으로 먼저 내야 했다. 월급을 주려고 겨우 만든 자금이라 난감하기 이를 데 없는 상황을 겪기도 했다.

정부가 너무 야박하다는 생각도 했다. 그때는 그럴 수밖에 없었다. 기술개발에 투자하느라 수익이 없어도 세금을 내고 있는데 또 세금이 나오면 맥이 쭉 빠진다. 물론 내야 할 세금이라 할 말은 없다. 정부는 항상 기업에 인력 창출을 하라고 떠들지만, 세금을 걷어갈 땐 도무지 시간을 주지 않고 재촉을 한다. 세금을 잘 내던 CEO가 일시적으로 세금을 못 내고 있을 때, 기술을 담보로 심의를 거쳐 기간을 늘려주는 배려를 해주었으면 좋겠다.

CEO라는 자리는 참 어려운 자리다. 회사에 돈이 없는 상황이라고 해보자. 그래도 직원은 물론이고 친척들조차 내 상황을 이해해주려고 하지 않는다. 항상 나를 돈이 있는 사람으로 알고 있으니 말이다. 친척들이 도움을 바라는데 해주지 못할 때면 내 속도 바짝바짝 탄다. 어차피 줄 수 없는 처지에 어렵다고 해봤자 구차한 변명만 늘어놓는 것 같고, 그렇다고 설명하기도 힘들어 오해를 받기도 한다. 언제나 쾌활하고 적극적이던 나도 그런 경우를 계속 당하니 사람도 만나기 싫고 말수도 줄어들었다. 나 혼자 산에 올라가 마음을 가라앉히며 뭐가 잘못됐는지 차분히 되돌아보며 시간을 보냈다.

난 그래도 남보다 훨씬 낫잖아

나는 어려운 일이 생길수록 건강을 챙기며 긍정적으로 생각하고, 억지로라도 내 몸과 마음을 희망차게 돌려놓는다. '난 그래도 남보다 훨씬 낫잖아.'라고 내 자신을 위로한다. '어차피 난 엔지니어다. 내 머릿속엔 무한한 아이디어가 있다. 개발로 승부를 걸면 된다.'라는 자신감으로 다시 일어선다.

그리고 CEO는 직원들에겐 언제나 안정적인 모습을 보여줘야 한다. 아무 일 없는 듯한 얼굴로 언제나 당당한 모습을 보여야 직원들이 걱정하지 않기 때문이다. 가족들한테도 마찬가지다. 나는 집에 들어오면 가족들이 걱정하지 않도록 항상 컴퓨터 앞에 앉아 열심히 일을 했다. 자금난에 시달릴 땐 금요일 밤을 가장 좋아했다. 토요일에는 잠시 쉴 수 있는 하루의 여유가 있어서이다. 일요일 밤이 되면 나도 몰래 머릿속 깊은 곳에서 또다시 살며시 밀려와 온몸을 쪼여오는 근심이 싫었다.

자고 일어나면 월요일에 출근해야 한다는 압박이 나를 짓눌렀기 때문이다. 회사 걱정, 이자 걱정 등이 가슴속을 갉아먹는 월요일이 두려웠다. 화장실에 앉아 있을 시간도 없었다. 화장실에 갔다 오면 어느새 100만 원이 늘어나 있다. 그래도 불의와 손잡을 바에야 차라리 그 고통을 다 짊어지고 사는 편이 낫다고 본다.

지금까지 내 삶을 돌아보면 더 이상 실패할 것도 없다. 승승장구가 잠시 멈춰진다 해서 실의에 빠지는 것은 나 자신에게 용납이 안 된다. 35년 이상 사업을 하면서 깨달은 것은 하나를 얻으면 무엇이든 하나를 잃는다는 것이다.

강도의 칼을
맨손으로 잡다

나는 온 가족이 가난에서 벗어나려면 내가 희생해야 한다고 다짐하고 그것을 성취감으로 여기며 살아왔다. 때문에 내 머릿속은 온통 일로 가득하고, 새로운 생각이 떠오르면 자다가도 벌떡 일어날 정도로 평생 긴장하며 살아왔다. 그런 내가 일생 동안 가장 맛있는 잠을 잔 시간이 있다. 강도와 사투를 벌이고 난 후유증으로 수술을 받았을 때였다.

2000년 3월 29일 오전 9시 45분을 나는 영원히 잊을 수 없다. 서울시 구로구 온수동에서 발생한 일이다. 초인종 소리가 나더니 잠시 후 '악' 하는 비명 소리가 들려, 안방에서 TV를 보던 나는 벌떡 일어나 방문을 살짝 열었다. 그 순간, 건장한 강도 두 명이 아내의 목에 칼을 댄 채 거실로 끌고 가는 장면을 목격했다. 이건 영락없는 강도였다. 마침 TV 옆에 야구방망이가 세워져 있었다. 당시 중학생이던 아들이 사다 놓은 것이었다. 강도들은 내 존재를 알아차리지 못했다.

야구 방망이를 들고 뛰어가서 칼을 들고 있던 강도의 머리를 순식간에 내려쳤다. 야구방망이가 부러지면서 튕겨 나갔다. 뜻하지 않은 공격을 당한 강도는 전투력을 잃고 거실 바닥에 쓰러졌다. 아내는 그 장면을 보고 놀라 실신했다. 아내의 목을 감고 있던 강도가 덤벼들었다. 나는 부러진 야구방망이로 결사적으로 대응했다. 그때 주방에 걸려 있는 식칼이 순간적으로 눈에 들어왔지만, 그랬다간 일이 커질 거란 생각에 차마 손을 뻗을 용기가 안 났다.

맨손으로 강도의 칼날을 잡다

손을 맞잡고 격투를 하는 동안 강도는 허리띠에서 칼을 뽑아들었다. 아차, 싶었다. 겉으로는 허리띠인지, 칼인지 구별이 되지 않았다. 나중에 안 일이지만 그 칼은 무협소설에 나오는 휘어지는 특수 칼이었는데, 강도짓을 하려고 직접 만들었다고 한다. 강도의 공격으로 내 오른쪽 관자놀이 부분이 찢어졌다.

나는 맨손으로 칼날을 잡았다. 칼날이 내 오른손 엄지와 검지 사이에 박혔다. 칼날이 피로 물들었지만 놓지 않았다. 그 시간이 엄청나게 길게 느껴졌다. 나에겐 세상에서 가장 긴 시간이었다. 선발대 두 명이 먼저 침투하고 곧바로 세 명이 들어오기로 했는데 대문이 바람에 닫히는 바람에 못 들어 왔다 한다.

격투가 한창 벌어지는 동안, 시간을 지체했던 세 명이 더 들어왔다. 그중 하나가 내 등과 갈비뼈를 여러 번 걷어찼다. 맞는 순간 숨이 막히는 듯했다. '아, 이대로 죽는구나!'라는 생각이 들었다. 안간힘을 써도 도와줄 사람 하나 없다는 사실에 순식간 절망감이 밀려들며 아내와 아이들에 대한 걱정과 공포가 나를 감쌌다.

그러나 그들도 한 명이 쓰러져 있는 모습을 보고 불안감을 느끼고 있었다. 강도는 역시 강도였다. 그 복잡한 상황 속에서도 강도 한 명이 서랍을 뒤지는 모습이 보였다. 만약에 내가 한 명을 쓰러뜨리지 못했다면 후발대 강도 세 명이 힘을 합쳤을 것이다. 그렇다면 나는 지금쯤 '무모한 비운의 CEO' 정도로 세인의 기억에 남아 있을지도 모르겠다.

나는 간혹 큰일을 판단할 때 '인명은 재천이다.'라는 결론을 내린다. 사람은 어딜 가다 엉뚱한 곳에서 나쁜 일들을 만나기도 하기 때문이다. 강도들은 당황하고 허둥대기 시작했다. 시간은 자꾸 가고 불안해진 강도들은 숨을 가쁘게 몰아쉬었다. 계획이 틀어진 탓도 있지만, 칼을 든 자신들을 보고 이렇게 강력하게 저항하는 사람이 있으리라곤 생각하지 못한 것이다. 후에 시간을 재보니 권투 선수가 15라운드를 쉬지 않고 링 위에서 뛴 것처럼 긴박하고도 긴 순간이었다.

그 사건 후에 많은 사람들이 내게 "돈을 주지 무모하게 왜 싸웠느냐?"라고 물어왔다. 나는 "사람들이 칼을 두려워하지 않는다면 강도는 이 세상에서 사라질 것"이라고 답했다.

누군가는 불의에 맞서 싸워야 한다

사실 나라고 두렵지 않았겠는가. 이 사건 이틀 전 부산에서 한 철강 회사 회장이 강도와 같이 커피를 끓여 먹으며 설득도 하고 금고도 열어주었는데, 노부부는 결국 살해당하고 찻잔만이 식은 채로 탁자 위에 올려져 있었다는 뉴스가 보도됐다. 이 사건이 발생하기 전날엔 또 다른 끔찍한 사건이 있었다. 강남에서 새벽에 외제차를 주차하는 젊은 여자를 납치해서 돈을 뺏고 이불에 말아 트렁크로 싣고 가 땅에 묻었다는 뉴스였다.

불의는 두려운 존재다. 그러나 누군가는 맞서 싸워야 한다. 이토 히로부미를 저격한 안중근 의사의 메시지는 온 민족에게 용기를 주었고, 수많은 독립운동의 표상이 됐다. 이처럼 불의와 타협하지 않는 사람 한 명만 있어도 세상을 바꿀 수 있다고 나는 믿는다.

격투 과정에서 한 명이 거실 벽난로 옆에 세워져 있는 쇠로 된 길이 50센티미터의 방범용 손전등으로 내 뒤통수를 쳤다. 나는 영화의 한 장면처럼, 엄청난 타격을 받아 몸을 휘청거리며 앞으로 쓰러졌다. 그때 누군가 "상황 끝!" 하는 소리를 외쳤다. 당황한 이들은 서랍에서 꺼낸 돈도 신발장에 놓고 갈 정도로 경황없이 도망쳤다. 아내와 나는 그날 병원에 입원하면서도 아이들이 걱정스러워 안절부절못했다.

다음날 조서를 받으러 병원에 온 형사들이 엉뚱한 말을 했다. 우리 집에 증거나 근거가 될 만한 것이 없다는 것이다. 나는 거실에 강도들의 피가 있다고 알려주었다. 형사들의 얼굴에서 당황한 빛이 역력했다. 그들은 거실 주방에 떨어진 피가 전부 내 피인 줄 알고 청소를 해버렸다고 했다. 화가 났다. 강도들의 피는 그들을 추적하는 단서인데 죄다 없어져버린 것이다.

형사들은 강도가 당하는 경우가 거의 없어서 그랬다고 얼버무렸다. 더군다나 칼을 든 강도를 어떻게 당할 수가 있느냐는 것이다. 나중에 이야기를 들으니 형사들끼리 내가 돈은 좀 벌긴 했지만 정신이 이상한 거 아니냐는 말을 하면서 갸우뚱했다 한다. 막상 강도들을 잡고 보니 생각보다 더 대단했다며 혀를 내둘렀다.

형사들은 강도 한 명이 우리 집에서 휴대전화를 걸었다는 아내의 진술을 토대로 휴대전화 추적에 나섰다. 그날 온수역 앞에서 오전 9시 45분부터 10시 반 사이에 전화한 사람을 추렸다. 그런데 휴대전화 사용 조회 결과, 혐의가 있을 만한 사람이 아무도 없었다. 나는 분하고 억울한 나머지 벽을 치며 통탄했다. 나중에 밝혀진 바에 따르면 파출소 앞에서 망을 보던 강도에게 알리고 집 근처에 차를 대라는 통화였다.

매일 밤 잠복근무를 서다

나는 그대로 있을 수가 없었다. 범행 당시 사용한 특수한 칼을 만들려면 특수철판 재료가 필요하고 그러려면 철판에 날을 세우는 기구가 있어야 했다. 그래서 나는 특수철판을 파는 곳을 알아보자고 담당 형사한테 제안했다. 형사는 처음부터 다시 더듬어보자며 나를 위로해주었다.

처음부터 다시 시작한 휴대전화 조회를 보고 담당형사가 흥분해서 어이없다며 혼자 욕을 중얼거렸다. 밤에 일어난 사건이라고 생각하고, 사건이 나던 날 오후 9시 45분 통화 내역을 뽑아온 것이었다. 그 때문에 일주일을 허송세월했다. 다시 자료를 뽑았더니 그 시간에 주고받은 전화통화가 6,000통이나 되었다. 담당 형사는 뒷목에 침을 맞으며 통화 내역을 추렸다. 그러다 안동에서 올라온 몇 사람이 근거지도 없는데 전화를 주고받는 정황이 포착됐다.

나와 형사들은 용의자들의 동정을 살피기 위해 매일 밤 용의자들의 주거지에서 잠복근무를 했다. 그렇게 하길 한 달쯤 지났을 때, 회사로 괴전화가 걸려왔다. 범인을 알고 있으니 경찰에 알리지 말고 만나자는 전화였다. 부천의 한 관광호텔 주차장에서 내가 주차장에 차를 세우고 있으면, 내 차로 옮겨 타서 정보를 주기로 했다. 승용차 뒤 트렁크에는 별명이 산초라는 형사가 타고 휴대전화를 켜놓았다. 그 휴대전화로 들려오는 내 말소리를 바깥에 있는 최두식 형사가 들으면서 정황을 파악하기로 작전을 짰다.

우리의 예상대로 그 사람은 범인에 대한 정보를 주는 대가로 돈을 달라고 요구했다. 이미 범인의 윤곽을 안 형사와 나는 응할 필요가 없었지만, 혹시 범인 일당 중 한 명일지도 모른다는 생각을 했다. 그 사람은 범인들과 아는 사이로 여기저기 도박장 같은 곳을 드나들며 정보를 듣고 거래를 하는 사람이었다. 이후로 그 사람은 내게 돈을 달라고 계속 협박을 해왔다. 이미 범인을 알고 있는 형사들은 다른 건으로 그를 구속해버렸다.

2년여의 추적 끝에 강도들을 일망타진하다

나는 이후에도 용의자들이 근무하는 가게에 가서 계속 정황을 파악했다. 그리고 그 가게 옆에 알루미늄 새시 가게가 있어 칼을 만드는 데 용이하다는 사실을 알아냈다. 그러나 용의자의 출퇴근 시간이 불규칙해서 감을 잡기가 어려웠다. 그러다 근처 부동산중개업소에서 용의자 중 한 명이 강남 지역에서 하나에 30만 원이 넘는 비싼 여자 속옷을 방문판매하고 있다는 사실을 알아냈다. 담당 형사는 곧바로 여형사를 시켜 전화로 속옷을 살 테니 만나자고 유인해 경찰서로 연행하는 데 성공했다.

분명 칼을 찬 범인인 것 같았는데 막상 직접 대면하니 확신이 없었다. 집에 침입했을 때 마스크를 썼기도 했지만, 생사를 넘나들며 치열하게 격투가 벌어졌던 터라 정신이 없었기 때문이다. 용의자는 당연히 범죄 사실을 부인했고, 결국 임의동행 6시간이 지나 하는 수 없이 풀어주었다.

그는 풀려나자마자 종적을 감추었고, 형사들은 뒤늦게야 그가 진범이라는 확신을 갖게 됐다. 그가 경찰에 연행된 동안 화장실에서 일당들에게 '튀어라'는 문자를 보낸 것을 발견한 것이다. 용의자들도 일제히 사라졌다. 형사들은 실탄이 든 총을 가지고 검거에 나섰다. 용의자들은 휴전선 부근까지 갔다가 무슨 이유에서인지 강원도 원주시로 돌아와 한 모텔에 투숙했다.

형사들은 새벽부터 주변 모텔을 뒤졌다. 그러나 모텔 주인들은 귀찮은 일에 휘말릴까 봐 용의자들을 본 적이 없다고 시치미를 뗐다. 한 형사가 주인하고 승강이를 하는 사이에 경험이 많은 다른 형사가 모텔 방마다 귀를 대고 소리를 듣는 방식으로 수사를 하다가 대어를 낚았다.

한 방에서 서너 명이 "오늘은 어디로 갈까?"라고 대화하는 소리를 들은 것이다. 형사 네 명이 3층에서 내려오는 승강기를 기다리고 있다가 그들을 권총으로 몰아붙인 후 덮쳤다. 이들의 차를 수색하니 사과탄이랑, 또 다른 무기도 있었다. 이들은 휴전선으로 가서 북한으로 넘어갈 생각이었다고 한다.

그들을 경찰서로 압송해서 조사를 했더니 처음에는 온수동에 온 적이 없다고 딱 잡아뗐다. 그러다 용의자들의 말이 점차 서로 엇갈리기 시작했다. 결국은 한 명이 범죄 사실을 자백했다. 또 다른 주모자를 추적하니 그는 이미 오사카를 거쳐 필리핀으로 도망을 가버린 상황이었다.

나는 필리핀에 있는 지인에게 부탁해 그의 행방을 추적했다. 그가 필리핀 탈락이라는 마을에서 한국 여성과 동거하고 있다는 사실을 알아내고, 형사에게 그 정보를 주어 한국으로 오게끔 유도를 했다. 국내에서 도망 다니고 있는 범인 한 명도 수배 전단을 뿌려 압박해나가자, 그가 심경변화를 일으켜 자수를 했다. 이렇게 해서 2년여의 추적 끝에 강도들은 일망타진됐다.

하지만 나는 다시 한 번 실망감을 느끼지 않을 수 없었다. 전직 손오공 직원이 강도들에게 정보를 주었기 때문이다. 결혼할 때 결혼 자금과 방값까지 회사에서 지원받은 직원이었는데 도박에 빠져 결국 강도들의 앞잡이 노릇을 한 것이다. 범인들은 특수훈련을 받은 군인 출신들로 선후배 관계로 이루어져 있었다.

나중에 알게 된 일이지만, 그들은 내가 출근한 줄 알고 침입했다고 한다. 그날 내 차 부품 리콜이 있어 교환하느라 아침 일찍 차를 대리점에 보냈는데, 강도들은 내가 출근한 걸로 착각한 것이다.

사람이 사람을 무서워한다면 어찌 이 세상 살아갈 수 있을까

형사들은 사고를 당한 피해자들은 사건 현장에 거의 나타나지 않는다고 입을 모았다. 그때 기억을 떠올리는 것 자체가 두렵기 때문이다. 하지만 나는 일부러 얼굴을 비추었다. 그 당시 나는 이미 라디오, 신문, TV를 통해 얼굴이 많이 알려져 있었는데 내가 숨어 다니면 범인들이 오히려 만만하게 볼 것 같아 정면 돌파를 택했다.

사람이 사람을 무서워한다면 어떻게 이 세상을 살아갈 수 있단 말인가! 〈공개수배 사건 25시〉를 맡았던 최 PD의 말에 따르면, 강도 사건이 일어난 집은 대부분 이혼을 한다고 한다. 서로 잘잘못을 따지다가 그렇게 되기도 하고, 칼 앞에 비굴한 남편의 모습을 보고 아내가 실망한 탓일 것 같기도 하다.

사건 당일 오후에 뽀빠이 이상용 씨와 약속이 있었다. 이상용 씨와는 1990년대 초 심장병 어린이 돕기 행사를 같이하며 인연을 맺은 사이였다. 그때 만화가 이현세 교수도 처음 만났다. 전화로 사정 이야기를 했더니 이상용 씨가 병원으로 달려왔다. 그는 "밥은 먹었느냐? 그럴수록 밥은 먹어야 한다."라며 생선초밥을 사다 주었다.

내 모습은 처참했다. 붕대를 감은 얼굴은 시퍼렇게 부은 상태였고, 입술은 갈기갈기 찢겨 제대로 마취 주사를 놓을 수도 없었다. 마취 주사를 놓으면 약이 이리저리 새서 마취가 잘 안 돼 입술 안쪽을 꿰매는 수술을 했다. 이상용 씨의 말에 따르면, 발로 입을 짓이겨 놓은 것 같았다고 한다.

하지만 아이들 걱정에 아픈 줄도 몰랐다. 격투 과정에서 하도 많이 맞아 내장 부분에 손상이 있었지만 엑스레이 상으로는 나타나지 않았다. '속으로 골병들었다.'는 말이 이런 걸 두고 하는 말일 것이다. 나는 보이지 않은 병명을 움켜쥐고, 움직이면 쏟아지는 아픔을 참고 2년 동안 견뎠다. 강도들을 잡아야 한다는 생각에 수술을 받을 여유도 없었다. 그런데 다 잡고 나니 긴장이 풀려 옆구리와 복부 통증이 점점 심해졌다. 연세대학교 세브란스병원에서 30분이면 된다던 수술이 오른쪽 복부를 절개해 2시간가량이나 걸렸다. 태어나서 그렇게 맛있고 깊은 잠을 자 보기는 처음이었다.

자신과의 싸움에서 먼저 이겨야 한다

병원에 입원해 있는 동안 시사만화가 박재동 화백은 문화생들과 함께 범인들의 몽타주를 그려주기도 했다. 일하면서 알게 된 방송 3사 PD들도 병원을 찾아와 위로해주었다. 나는 병원을 찾는 사람들에게 풀죽은 모습보단 우스운 이야기를 하며 편하게 대했다. 강도 사건을 물을 때마다 "서스펜스, 그런 거 나한테 묻지 마! 영화는 아무것도 아니야! 그리고 야구 방망이를 집에 사놓으려면 나무로 된 것 말고 알루미늄으로 사다 놓아야 해. 나무는 부러질 수 있으니까." 이런 농담을 하며 실컷 얻어터진 얼굴로 배짱을 부리니 병원을 찾은 사람들이 모두 깔깔거리다 돌아갔다.

그러나 마냥 병원에 누워 있을 순 없었다. 이미 대표가 사경을 헤맨다, 회사가 부도 날 것이란 소문까지 돌았다. 직원들에게 불안감을 주고 싶지 않아서 정식 퇴원은 한 달 만에 했지만, 사흘째부터는 병원에 출퇴근하면서 회사를 챙겼다. 그 와중에도 '택배를 가장한 강도를 어떡하면 잡을 수 있을까?'라는 생각이 머릿속에 가득 차 있었다.

강도 사건의 후일담 중 하나다. 강도단 중 한 명의 어머니와 누나가 느닷없이 우리 회사 마당에 엎드려 울며 나를 만나달라고 사정을 했다. 그들은 아들을 살려 달라 애원하며 자신들이 재배한 채소를 평생 동안 제공하겠다며 용서를 빌었다. 가족들의 읍소에 마음이 약해진 나는 판사에게 그 강도를 용서해달라는 탄원서를 냈다.

아마 탄원서가 그에게 많은 도움이 됐을 것이라 생각한다.

평생 채소를 제공하겠다던 사람들이 판결 후 얼굴 한번 보여주지 않고 아무 연락도 없다. 지금 그들이 어떻게 사는지는 모르지만, 그럴수록 사람 사는 도리가 중요함을 새삼 느낀다. 살아가면서 경험할 필요 없는 사건을 만난 후, 죽기로 하면 안 되는 일이 없고 세상에서 가장 힘든 것은 남이 아니라 나 자신과의 싸움에서 먼저 이겨내야 한다는 것을 깨달았다.

고통은 정면으로
맞서서 이겨내라

강도 사건은 우리 가족에게 엄청난 후유증을 남겼다. 아내는 강도 사건으로 인해 2년 동안 정신적으로 고통을 받았다. 나 역시 눈을 감아도 눈을 떠도 피를 뿌리며 강도들과 격투하던 장면이 어른거리는가 하면, 강도들이 우리 집을 엿보고 있지나 않을까 하는 소리 없는 불안감이 떠나질 않았다. 마지막으로 필리핀에서 범인을 검거해 인천공항에서 두 형사가 범인의 양팔을 잡고 나오는 장면을 보고, 모든 것이 이것으로 끝났으면 하는 생각이 간절했다.

그렇지만 돌아서서 나는 또다시 쏟아지는 분노를 삭여야 하는 고통과 싸워야 했다. 이 사건을 계기로 도둑이나 강도들은 마음만 먹으면 어느 집이든 문을 열고 들어올 수 있다는 사실을 알게 되었다. 그래서 밤중에 부스럭거리는 소리만 나도 눈이 번쩍 떠졌다.

이제는 쉬어가며 살자

아내와 나는 강도를 당한 날 곧바로 부천 성가병원에 입원했다. 아이들에겐 강도 사건에 대해 이야기하지 말라고 주위에 신신당부했다. 아이들이 충격을 받을 수 있기 때문이다. 학교에서 돌아온 아이들은 집에 아무도 없자 깜짝 놀랐지만, 이모들이 엄마 아빠가 여행을 갔다고 하자 그 말을 곧이곧대로 믿었다.

나는 그전까지 정신없이 일만 하며 사느라 가족과 여행 한 번 간적이 없었다. 학교에서 휴일에 있었던 일을 발표하는 시간이면, 다른 아이들은 가족과 함께 놀았다고 할 때 우리 아이들은 할 말이 없었다고 한다. 어린이날조차 한 번도 놀아주지 못하고 세월이 지나갔다. 지금도 그 생각만 하면 항상 마음이 아프다. 아이들은 엄마 아빠가 여행 갔다는 말을 듣고 너무 즐거워했다. 엄마 아빠가 일에서 해방된 모습을 처음 보았기 때문이다.

그날 저녁 아이들에게 전화가 왔다. 전화마저 받지 않으면 의심을 할 것 같아 태연하게 받으려고 애를 썼다. 막내가 "지금 혹시 제주도에 있는 거 아니야?"라고 물었다. 나는 어설프게 "어, 제주도야!"라고 답했다. 그러자 막내가 "거봐, 제주도라잖아!" 하는 소리가 수화기 너머로 들려왔다. 집 안이 왠지 으슥해 불안감도 달래고 막내도 달랠 겸, 엄마 아빠의 여행지 알아맞히기 게임을 했다고 한다. 당장에라도 아이들에게 얼굴을 보여주고 싶었지만 그럴 수 없었다.

아이들 엄마는 칼이 왔다 갔다 하고 전기충격기의 불꽃이 튀는 속에서 나 혼자 격투를 벌이는 모습을 보고 실신을 했다. 그로 인해 실어증에 빠졌다. 정신과 의사는 "창문을 열어놓으면 자다가 놀라 환자가 뛰어내릴 수도 있다."라며 주의를 주었다. 내 얼굴도 엉망진 창이었다. 막내는 전화를 끊으면서 "아빠 바쁘니깐 우리 선물은 안 사와도 괜찮아. 재미있게 놀다 와."라고 의젓하게 말했다.

전화를 끊자마자 눈물을 펑펑 쏟으며 울었다. 병실에는 마침 뽀빠이 이상용 씨가 와 있었다. 내가 우는 걸 보더니 이상용 씨는 "너도 사람이구나. 너나 나나 한고비 넘긴 걸로 생각하고 이제는 쉬어가며 살자."라며 토닥여주었다. 그동안 아무리 힘들어도 눈물을 보였던 적은 한 번도 없었다.

그때는 이상용 씨도 마음고생을 하고 있을 때였다. 매스컴에서 좋지 않은 시각으로 비춘 프로그램이 나가는 바람에 방송계를 떠날 정도로 충격을 받은 상태였다. 그는 억울하다며 재판에 몰두했고, 결국 무혐의로 판정나면서 지금은 다시 활동하고 있다.

마음을 다시 추스르고 생각하니, 아이들이 벌써 다 컸다는 대견함이 들었다. 엄마 아빠를 배려할 줄 알 정도로 말이다. 나는 어릴 적부터 어떤 일이 있어도 울지 않았다. 배고프다고 울고, 불편하다고 울고, 아프다고 울 만큼 사치스런 환경이 아니었기 때문이다. 그

런 내가 아이들의 말 한마디에 무너진 것이다. 그때의 감동을 지금
도 잊을 수 없다.

손오공 사장의 야구 방방이는 여의봉

사고가 난 이틀 후 신문에 '손오공 사장의 야구 방망이는 여의
봉'이란 제목으로 내가 강도와 격투를 벌여 중상을 입었다는 소식
이 실렸다. 개인적으로 만신창이가 된 모습을 보이고 싶지 않았고
이런 뉴스가 회사에 도움이 될 리 없었다. 그러나 소식은 일파만파
로 퍼졌다.

그런 상황에서 아이들만 속일 수도 없었다. 그날 오후 큰아이에
게 전화를 걸어 "여기 병원인데 이리로 오라."고 했다. 집과는 차로
불과 10분 거리였다. 어린아이들이 받게 될 충격을 최소화하고 싶
었지만, 아이들에게 말로 설명해서는 될 성싶지 않아 병원으로 불
렀다. 병원은 온통 울음바다가 됐다.

아내는 아이들을 몰라보고 소리만 듣고 "막내구나!" 하곤 잠이
들었다. 아이들은 엄마의 행동에 무척 놀랐다. 불안한 눈초리로 나
만 쳐다보는 아이들이 가엽다는 생각이 들었다. 나는 온몸이 쑤셨
지만 아이들 앞에서 운동을 했다. 아빠의 강인함을 보여주기 위해
서였다. 불안해하는 아이들에게 나마저 두려워하는 모습을 보이면
안 되겠다는 생각뿐이었다.

아내는 정이 많아 어려운 동네 어르신들 집에 기름도 사서 넣어주고, 몸에 파스도 붙여주곤 했다. 누가 시키지 않아도 병마와 싸우는 아이의 집이 어렵다고 하면 병원이나 학교로 찾아가 치료비를 대신 내준 적도 많다. 착한 아내한테 이런 끔찍한 일이 생길 줄은 상상도 못했다. 좋은 일을 하면 복이 온다고 했건만, 나는 하늘을 원망하기도 했다.

나는 매일 아이들이 학교에 갔다가 병원으로 오는 시간에 맞춰 운동을 했다. 특히 아들이 병원에 오면 운동을 더 많이 했다. 말로 설명을 하기보단 행동으로 보여주며 용기와 자신감을 심어주기 위해서였다. 그리고 아들과 이야기를 주고받으며 계단을 이용해 옥상까지 여러 차례 오르락내리락했다.

그런데 그 병원에는 재미있는 것이 하나 있었다. 병원의 운동 기구는 모두 좌우 어느 한쪽이 없었다. 재활하는 운동 기구였기 때문이었다. 그 기구들로 운동하는 나를 보며 아이들은 불안감에서 벗어나 자신감을 찾았다.

이 세상에는 내가 만난 강도보다 더한 일을 겪은 이들도 많다. 로마의 영웅 카이사르는 젊은 시절 바다에서 해적에게 붙잡히는 바람에 죽을 뻔한 위기에 처했다. 큰 상처까지 입은 그는 목숨을 구걸하지 않고 도리어 해적들이 자신에게 매긴 몸값에 화를 냈다. 자기 몸값이 이 정도밖에 되지 않느냐는 것이었다. 그는 몸값을 높여 지불하는 대신 풀려나면 해적 일당을 잡아서 모조리 십자가형에 처하겠다고 큰소리를 쳤다.

해적들은 비웃었지만 카이사르는 패잔병이 되어 고국에 돌아가지 않고 병사를 모아 자신의 약속을 지켰다. 해적을 일당타진했을 뿐 아니라 그리스 반란군까지 진압해 젊은 영웅으로 떠올랐다. 로마의 내전에서 패한 진영에 속했던 카이사르가 불리한 입지를 딛고 지금까지도 '황제'의 대명사가 된 것은 특유의 강인함 덕이다. 정신적·육체적 강인함만이 역경들을 이겨내게 한다.

차라리 정면 돌파하자

심신이 나약해진 애들 엄마는 퇴원 후에도 불안감에서 벗어나지 못했다. 새벽 2~3시가 되면 잠에서 깨고는 너무 힘들어했다. 나도 자다가 아내의 비명에 놀라 온몸이 식은땀에 젖은 채 밤을 새운 날이 한두 번이 아니었다. 1년이 넘도록 그랬으니 몸도 마음도 예민해질 대로 예민해졌다.

밤에 바람 불고 비라도 오고 개 짖는 소리나 벽 두드리는 소리라도 나면, 강도들이 덤벼들 것만 같은 생각에 잠을 이룰 수 없었다. 특히 화장실에서 양치질이나 소변을 보고 있을 때 뒤에서 누군가 덮칠지 모른다는 생각에 늘 긴장하며 눈을 크게 뜬다. 병원에선 후유증이 평생 갈 거라고 했다.

남들은 이사 가라고들 했지만 내 생각은 달랐다. 강도를 당한 현장은 너무 끔찍해서 다시는 생각하고 싶지 않은 기억이다. 피하다가 잊어버리는 것도 하나의 방법일지 모르겠지만, 퇴원 후 우리는 아이들 학교 문제로 당장 이사를 갈 수도 없었다. 그럴 바에야 차라리 정면 돌파하면서 정신력으로 이겨나가기로 했다.

동네 사람들에게 혹시 수상한 사람을 보았느냐고 힘들게 탐문 수사를 할 때는 "전혀 모른다."고 하더니, 나중에야 "덩치가 크고 머리가 짧은 놈이 혹시 맞지 않느냐?"라고 말하는 것이 아닌가. 정확하게 일당 중 한 명이었다. 뉴스에서 강도를 잡았다는 소식을 듣고 그제야 말을 하니 실망에 한숨만 나왔다. "있으니까 강도가 들어왔겠지."라고 말을 하는 사람도 있었다. '언제부터 내가 이렇게 시샘의 대상이 되었나?' 하는 생각이 가슴에 사무쳤다. 어느새 동네에서 우리 가족은 서민이 아닌 상류층으로 비춰져 이미 그들의 관심 밖에 있다는 것을 알게 되었다.

각박해진 현실이 내 눈을 더 크게 뜨게 했다. 어려울수록 강해지는 나의 진면목이 여기에 있다. 정신적으로 이런 고통을 이겨내지 않으면 평생토록 두려움의 노예가 될 것이다. 피해 다녀도 그 사건을 계속 의식할 수밖에 없는 일이다.

아내와 나는 스스로 강도 사건을 정신적으로 이겨내야 했다. 나는 강도 사건이 일어난 장소를 보여주며 "봐, 무서운 곳이 아니잖아?"라고 설득했다. 아내는 처음엔 두려워했지만 차츰 공포를 이겨나가기 시작했다. 집에 스크린을 설치해 영화도 보여주고 골프도 치도록 했다. 오랜 시간이 흐르고 보니 그 방법이 옳았다는 사실을 새삼 느낀다.

남에게 고통을 안기고 내가 편한 것은 잠시뿐이다

나는 아이들도 강하게 커야 한다고 생각한다. 지금 아들은 육군 부대 조교로 복무 중이다. 주위에선 아들이 군대에 갔다고 하면 "최 사장 아들도 입대했어요?"라고 놀란다.

우리 회사가 병역특례업체인 데다 아들이 영어와 컴퓨터 자격증이 있어서 현역으로 입대를 안 할 수도 있었다. 유학 중 잠시 한국에 다니러 온 아들에게 "언제 군에 가니? 어떡할래?"라고 물었다. 아들은 "이래도 빽, 저래도 빽 소릴 들을 거예요. 차라리 군에 갔다 오렵니다."라며 바로 자원입대했다.

나는 "그럼 이왕 군에 가는 거 조교로 지원해라."고 권유했다. 나는 군대에서 조교를 하면 리더십을 배울 수 있을 것이라고 생각했다. 이 사람 저 사람 교육하다 보면 다른 사람들을 하나로 묶는 리더십이 생길 것이고, 제대 후 사회생활에 크게 도움이 되리라 생각했다.

또한 내 아들이 군에 안 간다면 누군가 그 자리를 대신해야 한다. 나 대신 남에게 고통을 안겨주고 내가 편한 것은 잠시뿐이다. 큰일을 하려면 우리나라에선 국방의 의무를 다해서 당당히 자신감을 얻어야 한다. 긴장 속에서 단체생활도 해보고, 자신의 자유를 억제하는 능력을 기르기 위해서라도 군 복무를 반드시 해야 한다는 것이 내 신념이다.

아들이 군에 간 것을 뒤늦게 안 회사 간부가 "아드님이 군에 갔다는 말을 들었습니다. 군에 안 갈 수도 있었는데 몰라서 죄송합니다.”라는 말을 했다. 이에 “나는 무학이라 보충역으로 편입되어 군에도 못 갔네. 사회에서 경력자로 인정을 안 해줘서 얼마나 힘들던지. 그러니 미안하게 생각하지 말게.”라며 오히려 그를 위로해주었다.

어떤 소리에도 놀라지 않는 사자처럼 행동하라

그 무렵, 나 역시 피곤함을 주체할 수 없어 병원에 갔다. 나는 막연히 ‘강도 사건에 의한 후유증이겠지…….’라고만 생각했다. 그런데 이게 웬 날벼락 같은 선고인가! 의사는 아랫배를 만져보더니 소장에 암이 생긴 것 같다는 진단을 내렸다.

마음이 심란하고 괴로웠다. 이 세상을 떠나기에는 내가 벌여놓은 일들이 너무 많았다. 혹여 내가 잘못되기라도 하는 날엔 늘 나를 걱정하는 어머니에게도 씻지 못할 불효를 저지르는 것이다. 어머니와 외국에 있는 아이들 걱정에 잠을 못 이루고 설쳤다. 어쨌든 수습이라도 하고 가야 할 텐데…….

회사로 돌아온 나는 임원들을 불러 모았다. 서너 달가량 자리를 비울지 모르니 다들 맡은 일을 열심히 해달라고 당부했다. 나는 해외 여행을 떠난다는 분위기를 만들었다. 그게 속 편했다. 아내에게도 암이란 이야기는 비치지 않고, 며칠 병원에 있어야 할 것 같다고만 했다. 그러고는 아내에게 조그만 서류 금고 비밀번호를 알려주었다. 아내는 내색은 하지 않았지만 굳은 얼굴을 감출 순 없었다.

나는 각오를 단단히 하고 세브란스병원에 입원했다. 암에 대한 정밀 검사를 하는 데만도 며칠이 걸렸다. 그런데 검사 결과를 본 의사가 나를 멀뚱멀뚱 쳐다보더니 "왜 오셨습니까?"라고 물었다. 난 뒤통수를 맞은 느낌이었다. 다른 병원에서 암이라고 했다고 하니까, 의사는 며칠 있다가 다시 보자고 했다.

그 와중에 어떻게 알았는지, 우리 회사 여직원 서너 명이 병원으로 몰려왔다. "여기가 일본이에요?"라며 싱긋 웃으며 찾아온 그 친구들은 대한민국 최고의 수사대였다. 병원마다 전화를 걸어 입원 환자 중에 최신규를 찾아달라고 했다는 것이다. 직원들에겐 "제발 소문내지 마라."고 신신당부하며 돌려보냈다.

며칠 후 병원에서는 담즙에 이상이 있는지도 모른다고 했다. 담 전문의한테 진단을 받았더니 스트레스로 인해 간에서 만들어지는 담즙에 이상이 생겼다고 했다. 담낭 줄기에 핵이 생겨 줄기가 막혔다 괜찮았다 하면서 체한 것같이 속이 더부룩하고 늘상 피곤함을 느꼈던 것이다. 어른들이 말하는 화병이나 다름이 없었다. 암 진단은 순전히 오진이었다.

오진으로 밝혀졌지만 암 판정은 당시 내게 엄청난 충격이었다. 누구라도 입장을 바꿔 생각하면 그 마음이 이해될 것이다. 긍정적으로 생각하면 한 번 더 사는 셈이다. 나는 암 진단을 받고도 가족들이나 주위에 아무런 내색을 하지 않았다. 걱정을 끼치기 싫었기 때문이다. 누구나 어려움에 처하면 주위 사람들은 안타까운 마음에

위로를 해줄 수는 있어도 해결해줄 수 있는 건 아무것도 없다. 그러니 굳이 말을 해서 걱정하게 할 필요는 없다고 생각한다.

세상에는 나보다 더 큰 어려움에 처한 사람도 많다. 큰일을 하는 리더일수록 어떤 소리에도 놀라지 않는 사자처럼 가슴에 묻고 가는 일이 참 많다.

포기하는 순간
모든 게 끝이다

요즘 사람들은 자기 뜻대로 되지 않으면 사람도 일도 생도 너무 쉽게 포기하는 것 같다. 똑같은 사람을 가지고 무능한 직원으로 만드는 리더도 있고, 유능한 직원으로 만드는 리더도 있다. 그런 상이한 결과가 나타나는 이유는 전자는 사람에 대한 기다림이 없어 쉽게 포기하기 때문이고, 후자는 사람을 믿고 포기하지 않고 끝까지 기다려주기 때문이다.

'간절히 원하면 이루어진다.'라고 하지 않는가. 내 인생에서 목표로 하는 것은, 설사 그것이 사람의 생명일지라도 포기하지 않고 끝까지 노력하다 보면 자신이 원하는 것을 얻을 수 있다고 본다.

아버지 없이 자란 내게 어머니는 각별한 존재다. 어머니가 건강한 모습으로 곁에 있는 것만으로도 내게는 더할 수 없는 행복이었다. 그런데도 어머니는 막내 장가갈 때 아무것도 해준 것이 없다고 늘 미안해했다. 아내가 첫아이를 낳았을 때는 아이를 안고 얼마나 우셨는지 모른다. 어머니는 막내아들 손자만 보면 배부르다며 행복해했다.

그런데 그런 행복이 깨어질 뻔했다. 어머니 건강에 문제가 생긴 것이다. 1989년 6월, 어느 날부터 어머니가 소화가 잘 안 된다고 호소했다. 부천제일병원에서 검사를 했더니 대장암 말기 진단이 나왔다. 조금만 늦었어도 아마 치료가 불가능했을 것이다.

그때는 의학이 지금처럼 발달되지도 않았고, 당시 어머니 연세도 77세나 되어 대장암과 싸워서 살아날 수 있다고 보는 사람은 아무도 없었다. 의사들도 수술을 꺼렸다. 심지어는 형들도 어머니를 편하게 보내드리자면서 수술을 반대했다. 하지만 나는 1퍼센트라도 희망이 있다면 어머니를 포기할 수 없다고 했다.

암 극복도 심리 싸움이다

나는 세브란스병원으로 어머니를 옮겼다. 주치의와 상담했더니 수술을 하려면 먼저 입원할 병실을 받아오라고 했다. 병원 측에선 그때 당장 신청해도 대기 환자가 낳아 몇 달이 걸려야 입원이 가능하다고 했다.

시간은 없고 불안해진 나는 수소문 끝에 지인의 소개로 순천향병원의 홍대식 내과전문의를 찾아가 어머니를 수술해달라고 간곡

하게 부탁했다. 몇 시간을 기다린 끝에 겨우 병실이 마련되었다. 아들들이 부산하게 왔다 갔다 하는 모습을 본 간호사는 남자들이 극진히도 간호한다고 칭찬하며 많이 도와주었다.

그런데 어머니가 암 수술을 견딜 수 있을지 그게 가장 큰 문제였다. 한 달 이상 이어진 검진에 몸이 마른 데다 제대로 먹지도 못해 그 상태로는 암과 싸우기 어려웠다. 일단 영양 섭취가 급했다. 주치의의 조언을 얻어 외부 약국에서 알부민을 특별 주문해서 영양 보충을 해드렸다. 지성이면 감천이라고 수술은 잘됐다. 어머니는 무사히 회복 기간을 거쳐 집으로 돌아왔다.

나는 매일같이 퇴근길에 과일을 담은 비닐봉지를 들고 집으로 갔다. 여기서 과일 예찬을 할까 한다. 외국에 나가면 내가 가장 먼저 찾는 게 과일이다. 음식이 안 맞아 적응하기 어려울 때 크게 도움이 되기 때문이다. 과일은 어느 나라에 가든 탈도 안 나고 쉽게 적응할 수 있게 도와주는 도우미다. 암 투병을 하는 환자나 가족들에게도 조언하고 싶다. 과일이 암 투병 환자에게 상당한 효과가 있는 것 같다. 과일은 신이 인간에게 내린 선물이다.

어머니의 암 투병으로 병원을 들락날락하면서 느낀 점이 하나 있다. 연세 드신 분들이 지나가는 말로 뱉는 "이젠 죽어야지."라는 말을 그대로 믿어선 안 된다는 것이다. 그 말을 듣고 곧바로 포기하는 자식은 "물가에 무덤 만들어달라."는 엄마 청개구리의 소원을 그대로 실천하는 청개구리나 마찬가지다. 병원에 있으면 살아야 한다는 집념으로 열심히 운동하는 연세 많은 환자들을 보게 된다. 나는 어머니에게도 꼭 사셔야 한다는 마음을 보여주었고, 어머니도 운동하면서 건강을 되찾겠다는 의지와 집념을 숨기지 않았다.

암 극복도 심리 싸움이다. 많은 암 환자가 자신의 투병 때문에 가족들이 겪을 어려움을 생각하고 크게 부담을 갖는다. 밖으로는 육체의 질병과 싸우고, 안으로는 심리적 부담과 싸우면 암을 극복할 수 없지 않은가. 암 환자가 포기하지 않도록 자신감을 심어주는 것이 가장 중요하다. 가족들이 간호하느라 아무리 어려운 상황이 오더라도 절대 힘들다는 내색을 해서는 안 된다.

우리 가족은 암 환자가 스트레스 받지 않는 환경을 만들기 위해 마음껏 자식과 며느리 흉을 보게 했다. 그렇게 해서 어머니의 스트레스가 풀리기만 하면 그것도 효라고 생각한다.

큰 고비를 넘긴 어머니는 올해 99세인데 또래 노인들보다 훨씬 건강하다. 가끔 다른 노인 분들에게 "우리 막내가 날 살려놨어!"라고 자랑을 하면서 웃는다. 어머니의 암 투병을 통해 비즈니스든 소중한 생명을 살리는 일이든 쉽게 포기해선 안 된다는 교훈을 다시 한 번 확인했다.

작은 것부터 시작하면 모자랄 것도 부족할 것도 없다

사람들이 쉽게 포기하고 낙담하는 가장 큰 이유는 현재 자신이 처한 상황보다 너무 거창한 것을 원하기 때문이다. 사람은 자신이 원하는 것을 손에 잡을 수 있을 것 같을 때는 열심히 한다. 하지만 조금 해보다가 도저히 자신의 손에 잡힐 것 같지 않다는 생각이 들면 낙담하고 포기하고 만다. 목표는 원대하게 세우되 가장 작은 것부터 하나하나 시작하면 어떤 일도 못할 게 없다. 시작이 작고 초라하다고 해서 목표까지 작고 초라한 것은 아니다.

나와 아내와의 만남도 그랬다. 작은 우리 두 사람이 만나 참 대단한 일들을 많이 이루었다. 한 사람과 한 사람이 만나면 두 사람의 힘이 아니라 무한대의 힘을 발휘한다는 것을 몸소 깨달았다. 내가 아내를 처음 보았을 때, 그녀는 열아홉 살이었다. 2년 정도 멀리서만 바라보다 자꾸만 마음이 끌려 그녀의 집 앞에서 몰래 기다린 적도 여러 번이다.

한 번은 영하 12도의 추위 속에서 4시간이나 서서 기다렸더니 한동안 무릎이 구부러지지도 않았다. 마침 집에서 나오는 아내를 무작정 택시에 태워 어머니한테 데려가서 인사를 시켰다. 나와 결혼할 여자라고 했더니 어머니는 흡족해하셨다. 아내는 뭐가 뭔지 알 수 없다는 표정이었다. 밖으로 나와 택시를 잡으며 이젠 어머니한테 인사시켰으니 맘대로 하라고 했다.

항상 어머니가 "막내 장가보내고 죽어야 할 텐데……." 하며 걱정해서, 일단 어머니를 안심시킨 뒤 시간을 두고 천천히 결혼을 준비할 작정이었다. 그렇게 해서 나는 언니도 시집을 안 가고 있던 처지의 아내를 낚아챈 것이다.

당시 나는 어느 구석을 보아도 너무나 부족한 청년이었다. 나는 아내에게 청혼하면서 "10만 원짜리 사글세도 좋다는 각오가 있는 여자와 결혼하고 싶다."라고 진지하게 말했다. 나는 어릴 적부터 고생하는 삶에 인이 박혔지만, 여자는 웬만한 각오가 없다면 그 고생을 견디기 힘들기 때문이었다. 이 말은 곧 그만큼 훗날 후회 없는 삶을 살게 해주겠다는 선약이기도 했다. 작은 것부터 시작하면 부족할 것도 모자랄 것도 없는 법이니까.

아내가 나와 동고동락하겠다며 승낙했지만 결혼이 쉽지는 않았다. 아내는 칠남매 중 막내로 자랐는데 가족들의 반대가 심했다. 뒷조사를 했는데 누군가가 내가 한때 '영등포 깡패 왕초'였다는 식으로 이야기를 한 모양이다. 결국 1985년 11월 17일, 우리는 결혼식을 올렸다. 장모님은 마지못해 왔지만, 다른 일가친척은 오지 않은 쓸쓸한 결혼식이었다.

신혼여행도 안 갔다. 사실 못 갔다. 1985년 당시 제주도 신혼여행 경비가 33만 원이었다. 그 돈이면 사글세 3개월을 더 살 수 있었다. 우리 부부는 가까운 모텔에서 사진만 찍어 주위에 신혼여행을 갔다 왔다며 보여주었다. 그때의 아픈 추억 때문에 나는 직원들이 결혼하면 따로 불러 신혼여행 비용으로 200만~300만 원씩 주곤 했다.

정신력으로 지탱했던 시간들

1986년에는 사출기_{플라스틱 찍는 기계}를 사야 했다. 거래처에서도 신뢰를 얻고 있었고, 업계에도 좋게 소문이 나 있어 영업은 별 걱정이 없었다. 이 기회를 놓치고 싶지 않았다. 공장이 잘되면 집은 다시 살 수 있지만, 공장 문을 닫으면 다시 열기는 어렵다. 마찬가지로 거래 처의 신뢰를 얻고 있을 때 공장도 차려야 한다. 그렇지 못하면 아무리 좋은 공장을 차려봐야 거래처 설득하느라 시간이 다 들어간다.

중요한 결단의 시점이었다. 나는 아내의 동의를 구하고 집 보증금을 빼서 공장에 투자했다. 신혼 때 가져온 아내의 짐은 큰형 집에 맡겨놓고 작은 단칸 사글셋방을 얻었다. 그러나 그마저 몇 달 만에 쫓겨났다. 사실 월세를 주지 못할 정도로 공장 유지 비용이 많이 들어갔다. 그래도 개발과 영업 확장을 포기하지 않았다. 무엇보다 직원 월급을 제날짜에 주어야 일을 하기 때문에 무슨 일이 있어도 월급은 밀리지 않게 했다. 공장 규모가 작을수록 직원들 월급을 잘 줘야 한다. 그래야 소문이 좋게 나고 일할 사람이 모인다.

이제는 집도 없으니 여관 생활을 할 수밖에 없었다. 우린 여관에서도 환영받지 못하는 존재였다. 아침 9시면 여관 주인이 나가라고 성화를 부렸다. 갓난아기가 있어 방도 잘 주지 않으려고 했고 낮에 손님이 있어 아침 일찍 나가야 했다. 계절도 겨울이 시작되는 11월이어서 바깥 날씨가 무척 추웠다. 우리가 여관방에서 두 다리 쭉 뻗을 수 있는 시간은 밤 10시 이후였다.

나는 밤늦게까지 공장에서 일을 해서 별 문제가 없었지만 아내와 아기는 사정이 달랐다. 아내는 친정 언니들한테도 말을 못하고 아기를 업은 채 온종일 지하철을 타고 종로에서 인천을 왔다 갔다

했다. 그러다 해가 지면 공장 앞에서 직원들 모르게 기다렸다가 나와 함께 여관으로 들어갔다. 추위와 지하철 안의 탁한 공기 때문에 아기는 항상 감기에 걸려 있었다.

그래도 열심히 일한 덕에 1987년 봄, 개봉동에 다시 사글셋방을 얻었다. 어려운 가운데 개발한 완구로 돈을 벌기 시작했다. 어느 날 결혼 후 처음으로 아내에게 100만 원짜리 한 다발을 건넸다. 그때 "이 돈 어디서 났느냐?"며 놀라던 아내의 표정을 지금도 잊을 수 없다. 아내는 그 돈을 1년이 넘도록 장롱에 넣어두고 쓰지 않았다. 얼마나 어렵게 번 돈인 줄 알기 때문에 쉽게 쓰지 못한 것이다.

지금 돌이켜 생각하면 체력은 강한 편이 아니지만 정신력으로 지탱했던 시간들이었다. 직원들이 점심 먹으러 갈 때도 시간이 아까워 나는 기계를 붙들고 제품을 만들었다. 공휴일에도 잠시나마 마음을 돌릴 만큼의 여유가 없었다. 시간이 아까웠기 때문이다.

모든 사람은 시간을 다 똑같이 나눠 갖고 태어난다. 누가 시간을 잘 활용하느냐에 따라 인생관이 달라진다. CEO가 된 지금도 그렇다. 어려웠던 시간이나 지금이나 시간은 똑같이 간다. 촌음을 아끼라는 옛 성현들의 말은 하나도 틀린 데가 없다.

약속은
목숨 걸고 지켜라

'약속이란 깨지기 위해 존재한다.'라는 말도 있지만 나는 약속을 반드시 지킨다. 사회생활을 하다 보면 일탈을 부추기는 온갖 유혹을 받게 된다. 앞날이 창창한 변호사가 도박에 빠져 미국으로 도주했다거나, 돈 많은 종합병원 원장이 도박 때문에 패가망신한 사례도 수없이 많다.

소설 《카지노》를 쓴 소설가 김진명은 패가망신하지 않는 비결로 "카지노 밖에서 한 약속을 안에서 바꾸지 말라."고 강조한다. 카지노 밖에서 돈을 얼마 잃으면 그만두겠다고 자신이나 주변 사람에게 약속하지만, 카지노에 들어서는 순간 약속을 잊고 "마지막, 마지막 한 번"을 외치며 늪 속까지 걸어 들어가는 사람들을 가리키는 것이다. 카지노 안을 살펴보면 시계가 없다는 것도 알아야 한다.

담배도 끊지 못하는 사람이 무슨 성공을 할까

나는 열여섯 살에 담배를 배웠는데 그때는 까치담배를 사서 피웠다. 만화방이나 노점에서 한 개비씩 파는 것을 까치담배라고 했다. 돈이 생기면 한 갑에 12개비가 들은 스포츠라는 담배를 사서 양말 속에 숨기고 다니며 피웠다. 그리고 나는 서른두 살에 금연을 시작했다. 죽을 때까지 안 피워야 진짜 금연이지 몇 달, 몇 년 안 피다가 다시 피면 쉬었다가 피는 것이지 금연이 아니라고 나는 감히 말한다. 금연은 자신에게 혹은 가족과 하는 약속이다.

서른두 살 때 나와 친구 다섯 명이 양평에 있는 용문산을 가는데 재미있는 간판을 발견했다. 우리는 호기심이 발동해 가게를 기웃거렸다. 얼굴에 검은 수염이 덥수룩한 주인이 우리를 반겨주었다. 바로 지리산 뱀탕집이었다. 그땐 나도 술, 담배를 가리지 않고 하던 시절이다. 뱀탕집 주인은 우리의 손목 맥을 짚어 보더니 금주, 금연을 하라며, 뱀 이름을 몇 가지 대며 몇 마리씩 먹어야 한다고 했다. 우리 여섯 명은 건강에 겁을 먹으며 그 자리에서 금연, 금주할 것을 굳게 다짐했다. 하지만 나를 제외한 나머지 친구들은 일주일 이 주일도 못 가 무너졌다. 20년이 지난 지금도 나만 담배를 안 피고 있다.

주위에선 "최 씨가 지독해서 끊은 거다."라는 이야기들을 했다. 나는 용기라고 주장하는데 역시 최 씨라 끊을 수 있었다는 것이다. 그러나 지금은 시대가 바뀌어서 "안 끊는 사람이 더 지독하다."라는 말을 하면 사람들이 웃으며 고개를 끄덕인다.

나는 담배를 끊는다고 해놓고 다시 피면서 사업이 잘 안 되네, 일이 안 풀리네 하는 소리는 하지 말라고 한다. "담배도 끊지 못하는 용기 없는 사람이 무슨 사업에 성공을 해?" 이것이 금연에 대한 내 생각이다.

약속을 지키는 능력은 CEO의 자질이다

그러나 약속을 지키는 사람은 그 수많은 유혹들을 끊어낼 수 있는 의지력을 가지고 있다는 것을 보여준다. 모든 약속은 크든 작든 중요하다. 약속을 지키는 능력은 CEO의 자질이기도 하다.

1985년 사글세도 못 낼 정도로 벌이가 시원찮아 당산동에 사는 친구를 찾아가 20만 원을 빌리면서 석 달 후 돌려주기로 했다. 그런데 돈을 돌려주기로 한 약속보다 한 달이 늦어졌다. 돈을 마련해 집으로 찾아갔지만 이사를 가서 찾을 수가 없었다. 수소문을 해봐도 연락이 안 됐고 그로부터 3년이 지났다. 그동안 나는 자리를 잡았고, 그 친구가 어려운 상황에 처해 다시 살던 동네로 이사를 왔다는 소식을 들었다.

간신히 전화 통화가 되었는데, 마침 그날이 친구의 아내가 아이를 낳아 퇴원하는 날인데 돈이 없어 고민을 했다고 한다. 나는 어머니와 아내, 큰딸을 태우고 산부인과에 가서 몇 배로 갚아주고 한결 가벼운 마음으로 돌아왔다.

사회생활을 하다 보면 술을 마시고 술 기운으로 지키지 못할 말을 하는 사람이 있다. 순진한 사람은 그 말을 정말 믿는다. 비록 처음 만나 술집에서 술을 마시더라도 지키지 못할 말은 안 해야 한다. 누군가 피해자가 생길 수도 있기 때문이다.

'잘될 나무는 떡잎을 보면 안다.'라는 말에 일리가 있다. 어릴 적부터 약속도 잘 지키고 책임감 있는 사람이 대개는 나이 들어서도 제대로 생활하면서 산다. 사업상의 약속은 더더욱 철저하게, 반드시 지켜야 한다. 비록 상대가 어길지라도 나는 약속을 지키면서 상대방의 성향을 마음속으로 알고 있으면 되는 것이다.

아무리 술을 마셔도 우뚝 서 있는 사람이 되어야 한다

아내가 아이를 키우느라 힘들어하면 아내의 마음을 다독거려주는 것도 하나의 지혜다. 감출 게 없으니 마음 편하게 자기 일에 몰두할 수 있고, 동시에 아내의 엔도르핀 수치도 올려줄 수 있다. 그것이야말로 가정과 직장에서 능률을 최고로 끌어올리는 비결이다.

부부간에는 크든 작든 감추는 게 문제다. 곧 알게 되는 일을 숨긴다고 해결이 되는 긴 아니다. 여자의 육감은 대단하다고 어머니와 이웃 어른들에게 여러 번 들어왔다. 결국 육감과 짐작으로 알게 될 텐데 굳이 불필요한 신경을 쓰게 할 것 없다고 생각했다.

사업상 이런저런 사람을 만나다 보면 일도 많고 유혹도 많다. 그래서 사업을 하려면 자기관리도 잘해야 한다. 나는 술은 한 잔만 마셔도 빨개지는 체질이라, 내가 사람들을 끌고 다니며 마시지는 않는다. 사업상 술을 아예 안 마실 수는 없다. 하지만 마시다 보면 늘 마지막에 남는 사람은 나다. 사실 정신력으로 버티는 것이다.

아무리 술을 많이 마셔도 언제 어느 때고 제자리에 우뚝 서 있는 사람이 되어야 할 것이다. 그리고 젊은 시절부터 자신과 한 약속을 소중하게 여기고 늘 잊지 않고 몸에 배도록 노력하면, 자신이 생각하는 미래의 문이 열릴 것이다.

아내의 화를 돋우는 악수를 두지 마라

고스톱도 마찬가지다. 나는 고스톱과 포커를 잘 못한다. 고스톱 칠 시간에 개발하고 좋은 제품을 만든다면, 얼마나 회사에 도움이 되고 성취감도 생기는지 알기 때문이다. 나는 그것을 즐거움으로 알고 살았다. 정말 시간 버리는 것이 아까워서 고스톱은 어깨 너머로 배우긴 했지만 포커는 아예 배우지도 않았다.

내가 친목회에 가입하면 고스톱, 포커는 금기 사항이다. 그래서 고스톱, 포커를 좋아하던 친구들은 불만들이 많았다. 진짜 용기 있는 사람은 고스톱을 치다가도 벌떡 일어날 수 있는 사람이다. 그런데 시작하기만 하면 '한 번만' '5 분만' '세 번만 치고' 하며 밤을 새는 경우가 많다. 그때는 나를 특이하다고 생각했던 친구들도 지금은 내가 옳았다고 인정해준다.

대신 모임이 있을 때 맛있는 걸 먹으면 친구들에게 꼭 싸가지고 가라고 권유했다. 나는 음식을 먹다가 맛있는 게 있으면 포장 주문을 해서 검은 비닐봉투에 담아 집에 가지고 갔다. 그런 내 모습을 보곤 마누라한테 잡혀 산다고 눈총을 주는 친구도 있었지만 사실 그렇게 볼 것만은 아니다. 남편으로서 도리를 다한 것이고, 내가 먼저 도리를 다한다면 집에서 소리 나는 일은 없을 것이라 생각했기 때문이다.

고스톱, 포커 하느라 연락도 없이 밤을 새고 집에서 아내의 화를 돋우는 악수를 왜 두는지 모르겠다. 여자들은 집에서 밤늦게까지 돌아오지 않는 남편을 두고 별별 상상을 다한다. 이왕이면 밥 먹는 것, 술 먹는 것까지 아내에게 가볍게 얘기해주는 것이 좋지 않을까. "별걸 다 마누라한테 말한다."며 핀잔을 주는 친구도 있지만, 그건 가정을 지키는 비결이기도 하다. 나이를 먹으면 다 이해하지만 젊을 때는 예민하게 마련이니까.

SONO
KONG

제4장
간발의 차이가 세계를 제패한다

독보적인 상품으로 세계 시장을 공략하라

간발의 차이가
세계를 제패한다

반도체업계에선 일명 '황의 법칙'이 유명하다. 반도체 메모리의 용량이 1년에 2배씩 증가한다는 이론으로, 삼성전자의 황창규 사장이 '메모리 신성장론'을 발표하면서 이런 이름이 붙었다. 삼성전자는 반도체의 처리 속도를 무시무시하게 향상시키며 일본 전자업계를 녹다운시켰다.

간발의 차이로도 일등과 이등, 일류와 이류가 갈리는 게 하늘과 땅 차이로 벌어질 수 있다. 실제로 나는 간발의 차이라도 점하기 위해 필사적으로 노력한다. 일을 하면 할수록 그것이 얼마나 중요한지 더욱 절실하게 느낀다. 나는 금은방에서 금을 훔쳤다는 누명을 뒤집어쓰고 잠시 방황하다 몇 년 후 주물공장에 취직했다.

금은방에 가면 경력자로 대우를 받을 수 있지만 돌아가고 싶지 않았다. 금은방을 가득 메우고 있는 염산과 유산 냄새를 생각하면 나도 모르게 몸서리가 쳐졌다. 정말 그 냄새가 너무 싫었다. 염산 냄새와 빈대에 시달리면서도 졸음을 피하기 위해 타이밍을 복용하며 밤새워 일했다. 그러다 몸도 허약해지고 더위까지 먹어 한 달을 병명도 없이 앓다 살아난 적도 있다.

남들만큼 해서는 결코 성공할 수 없다

그래도 기술을 배워야 한다는 생각에 참고 견뎠다. 금을 모루 위에 놓고 두드리노라면 아이들이 다방구 놀이를 하는 소리가 골목 어귀에서 들려왔다. 그럴 때면 눈물이 핑 돌아 눈앞을 가렸다. 남몰래 창문을 내다보면 아이들이 재미있게 노는 것이 부럽고, 나도 정말 같이 뛰어놀고 싶었다.

그렇게까지 참고 견디며 잠도 못 자고 온갖 고생을 다해 배운 기술인데, 도둑 누명까지 쓰니 억하심정에 담배도 피우고 껄렁거리기도 했다. 하지만 어머니의 걱정이 끊이질 않아서 금은방으로 돌아가는 대신 주물공장에 취직을 했다. 나는 주물 기술을 익히기 위해 남보다 더 열심히 노력했다. 주물 기술은 섬세한 세공 기술에 비하면 어렵지 않았다. 머리로 하는 것은 자신 있었지만, 일하는 환경이 너무나 열악했다. 용광로의 열기와 쇳물을 흙 속에 부어 제품을 꺼낼 때면 흙먼지가 온몸을 뒤덮어 눈만 동그랗게 보였다. 키도 작고 힘도 딸려 그야말로 녹초가 되어 퇴근했다.

열아홉 살에는 형과 함께 회사를 차렸다. 셋째형은 선반을 잘하는 엔지니어로 알아주는 사람이었다. 나는 영업을 맡았는데 제품을 배달하는 일도 보통 문제가 아니었다. 우리 공장이 있던 신길동에서 인천까지 자전거로 싣고 가서 팔아야 했다. 멀기도 하거니와 갑자기 제품을 찾는 곳이 있으면, 공장에 갔다 오는 동안 다른 업체 제품을 살 수도 있으니 늘 싣고 다녔다. 수도꼭지를 수백 개씩 싣고 다니다 보면 팔다리가 후들후들 떨렸다. 처음엔 자전거에 짐을 싣고 인천에 갔다 와서 사흘 동안 앓아눕기도 했다.

그래도 주변의 수도위생기 가게에 근무하는 점원들이 잘 봐주었다. 어린 사람이 열심히 산다고 격려도 해주었고 사장님들한테 소개도 많이 해주었다. 금은방에 이어 수도위생기 업종 종사자 중에서도 내가 제일 어렸다.

전화 한 통이 인생을 좌우할 수 있다

나는 지금도 전화 한 통이 평생을 좌우한다고 믿는다. 전화를 가려서 받는 영업직원이 있는데 그것은 좋지 않은 자세다. 빚이 있다 하더라도 전화를 피하지 말고 조리 있는 말로 잘 물리치는 화술을 익혀야 한다. 내가 영업을 할 때는 물론 휴대전화가 없던 시절이긴 하지만, 전화가 올까 봐 화장실에도 못 갔다.

전화를 안 받으면 주문자가 다른 곳으로 전화를 돌릴 수도 있다. 그 전화가 중요한 거래처의 전화라면 어쩌면 거래처가 날아갈 수도 있지 않겠는가? 여러 날 공들여 고생했을 텐데 불시에 거래처에서 걸려온 전화를 안 받는다면, 그때까지 고생한 것이 헛일이 되어버릴 수도 있다. 전화를 받지 않으려면 그 편하다는 휴대전화가 필요 없는 셈이니 휴대전화를 버려야 할 것이다.

영업을 할 때의 일이다. 당시 수원건설은 수원 지역에서 크고 작은 수도 배관 공사를 많이 담당하는 업체로, 우리가 꼭 잡고 싶어 하던 곳이었다. 그런데 수원건설은 기존의 거래처를 가지고 있어 우리처럼 작은 회사에는 눈길 한 번 주지 않았다. 샘플을 보여주려 찾아가면 그쪽 직원들은 문을 열기도 전에 손을 내저으며 휙 돌아섰다. 그럴 때마다 눈물을 머금고 뒤돌아 나와야 했다. 상대의 말을 들어보지도 않고 손을 내젓는 것이 사람을 얼마나 멋쩍고 무안하게 만드는 일인지 그때 나는 알았다.

하루는 수원건설 임원을 만나기 위해서 기다리다 마땅히 있을 곳도 없고 해서, 수원건설 바로 길 건너편에 있는 극장에서 〈마이웨이〉란 영화를 보았다. 어려운 상황 속에서도 집념이 강한 아버지의 고집을 다룬 작품이랄까, 내게 힘이 되는 영화였다. 영화를 보다 임직원들이 들어올 시간이 되면 재빨리 가서 인사만 하고 나온 적도 많았다. 지금도 수원 하면 〈마이웨이〉가 떠오른다.

수원건설 임직원을 만나기란 하늘의 별 따기였다. 영업을 하려면 누가 뭐래도 기가 죽어서는 안 된다. 나는 내 얼굴을 기억할 때까지 찾아가고 또 찾아갔다. 영업은 뜨내기처럼 보여서는 절대 안 된다. 혹시 제품에 불량이라도 발생하면 교환을 해야 하는데 누가 뜨내기한테 제품을 사려고 하겠는가. 얼굴을 알려두기 위해서라도 자주 찾아가야 했다.

1975년 그날은 공휴일이었다. 그 많은 공장의 직원들이 모처럼 쉬는 날이었다. 나는 그날도 '혹시 어디선가 주문이 오지 않을까.' 하는 기대감으로 출근을 해서 전화기 앞에 앉아 기타를 치며 지루함을 달래고 있었다. 공장을 지키는 일은 정말 얼마나 지루한가! 한창 젊은이들이 기타 치며 노래하는 것이 유행이던 시절이었다. 그때 내 나이 스무 살, 나라고 왜 음악다방에 가고 싶지 않았겠나. 하지만 제품을 팔지 못하면 공장 문을 닫아야 한다는 생각에 항상 긴장하며 지냈다.

당시는 매일같이 건물을 짓고 배관 공사를 하던, 시대의 한 페이지가 넘어가는 시점이었다. 수출 붐이 일어나고, 아파트가 신축되고, 재래식 화장실이 수세식으로 바뀌는 시기라 하루가 멀다 하고 세상이 달라지던 시절이었다.

마침 전화가 울렸다. 전화기를 들자 "협성금속 최신규 바꿔!"라는 목소리가 들려왔다. 수원건설 사장이었다. 정신이 번쩍 났다. 그는 이어 "수도꼭지 있나?"라고 물었다. 나는 "네, 있습니다."라고 자신있게 대답했다. 수원건설 거래처 사람들이 공휴일이라 전화를 받지 않았는데 그날 마침 필요한 물량이 생겨, 사장이 책상 위에 꽂아둔 명함을 보고 전화를 건 것이다. 공휴일이라 용달차도 없었다.

시외버스로 수도꼭지 300개를 먼저 싣고 갔다.

그 거래를 계기로 수원건설은 우리 회사 수도꼭지를 엄청나게 팔아주었다. 성공하는 사람은 공휴일에 전화한다고 해서 짜증을 내지 않는다. 전화 한 통이 인생을 좌우할 수 있다. 거기에서 간발의 차이가 생기고, 그 차이가 세계 제패로도 이어진다. 그 시간 차이를 놓쳐선 안 된다.

철저한 준비가 간발의 차이를 가져다준다

어떤 일을 열심히 하다가 잠깐 무관심하면 그때까지의 노력이 허사가 되기도 한다. 많은 자금을 들여 5~6년 동안 고생 끝에 만든 온라인 게임을 오픈해서 잘 나왔다고 호평을 받았는데, 조그마한 버그나 에러가 난다면 유저는 냉정하게 떠난다. 이런 오류가 발목을 잡을 수 있으므로 마무리를 완벽하게 해야 한다. 그리고 그걸 끝까지 지키는 자세가 중요하다. 상품을 팔기 위해서 여러 날을 준비했지만, 약속기한 내에 납품하지 못한다면 여태껏 고생한 보람이 없어진다.

한 번은 명절 전에 상품을 팔기 위해서 홍보 마케팅에 많은 재원과 시간을 쏟아 붓고 기다리고 있는데, 현장에 상품이 도착하지 못한 황당한 일이 발생했다. 직원들은 부산항에 상품이 입항은 되었으나 현지로 배달이 안 되고 있다며 대책 없이 손을 놓고 있었다.

“사람이 사람을 위해 만든 일들은 천재지변 외에는 안 되는 것이 없다.”라며 직원들에게 호통을 치며 당장 부산으로 내려가 문제를 해결하라고 했다. 결국은 안 된다고 하던 것이 해결됐다. 이것 또한 간발의 차이로 명절 전에 진열을 할 수 있게 만든 비결이다. 상품이 명절 전에 진열되는 것과 명절 후에 진열되는 것은 판매량에 엄청난 영향을 미친다. 힘이 들어도 명절 전에 진열하면 상품을 두 배 이상 팔 수 있다. 역시 간발의 차이는 철저한 준비를 통해서만 확보할 수 있다.

하루는 영업직원들이 잔뜩 흥분해서 경쟁업체에서 손오공 욕을 엄청 하고 다닌다는 보고를 해왔다. 나는 “영업은 입으로 하는 게 아니라 제품으로 말하는 거다. 남들보다 한발 앞선 제품으로 말하자.”라며 다독거려주었다.

누구에게나 주어진 시간은 동일하다

이처럼 손오공의 전략은 항상 경쟁업체보다 한발 앞서자는 것이다. 우리는 CF를 내보낼 때도 한발 앞서, 메인 방송 직전에 튼다. 아무리 인기 있는 프로그램이라도 끝나고 나면 채널이 돌아간다. 그때 CF를 내보내면 효과가 크게 반감될 수밖에 없다. 같은 CF를 내보내더라도 반드시 프로그램이 시작할 때 들어가도록 했다. 이런 세심한 부분까지 타 업체와 차별되도록 심혈을 기울인다.

우리가 출시한 로봇 다간이 굉장한 히트를 치면서 장난감 시장의 규모가 커지기 시작했을 때도 어린이 프로그램 시작 직전에 CF를 내보내기 위해 온갖 노력을 기울였다. 예상대로 프로그램 시작 직전과 종료 직후의 CF 노출 효과의 차이는 대단했다. 같은 비용으로도 높은 효과를 거두었다.

상품을 출시할 때도 한 발 앞선 영업에 큰 공을 들였다. 출시 전날 상점의 쇼윈도에 먼저 자리를 잡아놓고, 경쟁업체가 오기 전에 전시하는 전략을 썼다. 그러면 경쟁업체가 와서 우리 제품을 밀어낼 수도 없다. 아무리 잘 만들어도 부지런하지 못하면 제품을 고객의 눈에 잘 띄는 곳에 진열하기도 판매하기도 어렵다.

다들 피겨 요정 김연아 이야기를 많이 한다. 아무리 연습을 많이 했다 하더라도 실전에서 딱 두 번만 넘어지면 그동안 고생한 게 허사가 되고 만다. 그러니 실전에서 늘 최선을 다하는 김연아의 모습이 대견스러운 것이다. 사업 역시 항상 긴장을 늦추지 말아야 한다. 실수하지 않도록 노력을 많이 해야 한다. 우리가 한발 앞서 출시해 전시하면 경쟁업체를 이길 확률이 높아진다. 사람이란 먼저 눈에 띄는 것에 관심을 두게 되고 손으로 잡게 된다. 그러려면 고객 앞에 한발 먼저 다가가야 한다.

해외에서 경쟁할 때도 다른 경쟁업체는 서류를 만드는 동안 나는 즉시 결정을 한다. 제조 경험과 엔지니어로서 익힌 오랜 노하우 덕분에 제품을 순식간에 파악하기 때문이다. 나는 밑바닥부터 체득한 경험을 바탕으로 그 자리에서 견적서를 바로 작성해 일을 진행시킨다. 그것이 바로 경쟁업체보다 간발의 차이로 앞서는 비즈니스를 전개할 수 있었던 비결이다.

사업을 하다 보면 언제나 느낀다. 남보다 한발 앞서가는 것이 얼마나 힘든 것인지를 말이다. 어떤 사업을 성공시키려고 할 때 다른 사람들과 똑같은 시간을 가지고 똑같은 행동을 한다면, 특별한 무엇이 없고서는 결코 자신이 바라는 성과를 기대할 수 없다.

누구에게나 주어진 시간은 똑같다. 같은 시간에 같은 조건으로 경쟁하다 보면 단 몇 초가 운명을 가름하게 된다. 시간을 잘 사용하는 사람이 언제나 간발의 차이로 앞서가게 되어 있다. 나는 예나 지금이나 일이 완전히 끝나기 전에는 화통하게 껄껄껄 웃어본 적이 없다. 그만큼 사업은 긴장의 연속이다.

예기치 못한 복병은
항상 있다

인생은 우리의 계산대로 움직여 주지 않는다. 수많은 변수와 싸우면서 앞으로 나아가는 것이 인생이다. 《삼국지연의》의 조조같이 치밀한 인물도 예기치 못한 일로 진땀을 뺀 적이 있다. 그는 전장에서 죽은 장제의 처를 탐하다가 장수의 습격을 받고 목숨이 위태로운 상황에 몰린다. 투항했던 장수가 배반할 줄이야. 조조는 장수의 복병이 들이치는 속에서도 충성스러운 신하 전위의 희생으로 겨우 목숨을 건진다.

나 역시 그동안 사업을 하면서 수많은 복병을 만났다. 일일이 열거하자면 한도 끝도 없을 것 같아 몇 가지 인상적인 사건들만 이야기하도록 하겠다.

거래처들의 아우성에 즐거운 비명을 지르다

로봇 애니메이션 〈화이버드〉의 방송을 앞두고 있었을 때의 일이다. 1997년 KBS가 이 작품을 방영하기로 했고, 우리는 그에 맞춰 모든 제품을 준비해놓았다. 그런데 방송국 사정으로 방송이 갑자기 연기됐다. 그 바람에 로봇 완구는 창고에서 먼지 쌓이는 신세가 됐다. 거래처들은 방송이 안 된다는 이유로 물건을 받아주지 않았다. 로봇 완구는 박스가 커서 창고에서 자리를 많이 차지하기 때문에 아주 난감한 상황이었다. 제품을 만들기 위해 생산 직원도 늘렸고, 방송이 된다는 가정에 따라 협력업체에 미리 주문한 부품 값도 다 지불해야 했다.

창고에는 하청업체에 주문했던 반제품과 완성된 상품이 산더미처럼 쌓였다. 내겐 잠을 설치며 피를 말리는 나날이었다. 일이 잘될 때는 웃는 얼굴로 반갑게 대하던 거래처들도 일이 잘 안 될 듯 보이니 매정하게 대하는 경우가 많아졌다.

그런 마음고생 끝에 문화부에서 심의가 통과되어 6개월 후에 방송이 시작되었다. 그러자 이번에는 상황이 완전히 달라졌다. 방송과 동시에 주문이 쇄도하는데 제품을 만들 시간이 부족해 완성 제품이 동났다. 조금이라도 물건을 창고에 쌓아놓은 사람들은 매출이 몇 배로 뛰었다. 거래처들은 제품을 달라고 아우성쳤지만, 제조하는데 시간이 걸리니 우리도 어쩔 수 없었다.

제품이 부족하면 기막힌 일이 벌어지곤 한다. 업자들이 공장 인근에 방을 잡고 생활하다시피 하면서 퇴근도 못하게 할 정도다. 새벽에 나보다 먼저 출근해 양손 가득 돈다발을 들고 일방적으로 떠넘기기도 하고, 차를 들이대곤 제품을 실어달라고 막무가내로 나오는 업자들도 있다. 밤새워 제품을 더 생산해달라는 압박도 대단했다. '돌다리도 두들겨 보고 건너라.'는 말이 있듯이, 제품에 대한 품질 검사를 더욱 철저히 하다 보니 며칠 동안 집에 못 들어가기 일쑤였다.

어떤 사람은 일방적으로 통장에 돈을 넣기도 했다. 입금되는 곳이 워낙 많아 누가 누군지 구별이 안 될 때도 있었다. 자고 나면 돈이 생기니 엄살이 아니라 정말 무서웠다. 내 의지와 관계없이 돈을 마구 집어넣는 사람들에게 둘러싸여 보라. 하루가 다르게 불어나는 돈에 신도 나지만 압박감으로 숨을 쉴 수 없을 정도가 된다. 나는 체력이 버텨주는 한 제품을 만들어냈다. 그때는 지치지 않는 젊음이 있었기에 가능했던 것 같다. 그래서 젊음이 좋은 것이다.

모든 일을 공유하는 시스템을 만들어라

1993년 회사에 출근하기도 전인 이른 아침, 출근 시간 차량이 붐비기 전에 거래처에 배달을 하고 회사로 가는 중이었다. 카폰으로 직원에게서 급한 연락이 왔다. 하청업체 사장이 죽었다는 소식이었다. 간밤에 갑자기 심장마비로 사망하는 불상사가 일어난 것이다.

그레이트 다간 로봇 완구의 금형, 부품과 설계 도면까지 다 가지고 있는 핵심 업체 사장이었다.

죽기 전날 밤에도 나와 멀쩡하게 통화했던 사람이었는데 정말 황당했다. 믿어지지 않았고 눈앞이 깜깜해 아무것도 생각나지 않았다. 거래처에 단단히 다짐했던 약속과 신뢰가 모두 무너지는 순간이었다. 곧 제품을 수출해야 하고 국내 출시 준비에 맞춰 TV 애니메이션을 방영할 텐데, 모든 것이 한순간에 수포로 돌아간다는 생각을 하니 하늘이 무너지는 것 같았다.

일단 방송국에 연락해 TV 애니메이션 방송계획을 중단하고 다른 작품으로 대체해달라고 사정했다. 그리고 우선 흩어져 있는 금형부품을 수습하는 데 몰두했다. 로봇 완구는 보기보다 작업이 만만치 않다. 로봇 하나를 조립하는 데 부품이 1,000여 개나 들어간다. 무엇보다 금형을 찾는 게 문제였다. 사망한 하청업체 양 사장은 재하청을 주었고, 그 사장한테 미지급금이 있다고 해서 근거도 없이 우리 회사가 돈을 지급해야 했다. 금형을 찾기 위해서는 어쩔 수 없었다.

이 사태로 깨달은 바가 컸다. 앞으로 모든 일은 공유하는 시스템을 만들어야 한다는 것이었다. 핵심 인력 한 명이 빠져나가더라도 공장 전체가 멈춰서는 일이 없도록 해야 한다고 생각했다. 그 후로는 리스크를 줄이기 위해 일을 한곳에 전부 맡기지 않았다.

우여곡절 끝에 모든 것이 정리되는 데 1년이 걸렸다. 결국 부품 금형을 다 찾아 완성한 그레이트 다간 로봇은 그렇게 탄생했다. 애니메이션이 방영되자마자 시청률은 대박이었고, 어린이들이 가슴을 쥐고 볼 정도로 인기가 좋았다. 로봇 완구도 대히트를 쳐서 시장에서 내 이름을 크게 알리는 계기가 됐다.

금형이나 주조 같은 뿌리기술이 떠오르고 있다

금형이 마치 인질 잡히듯 담보로 잡히는 경우도 비일비재하다. 언젠가 손오공의 하청업체가 갑자기 부도를 냈다. 손오공은 그 부도와 아무 상관이 없고, 단지 손오공의 금형이 그 회사에 보관된 것뿐이었다. 눈치 빠른 채권자는 손오공의 금형을 압류해버렸다. 남의 물건이라도 그 집 재산이 아니라는 별도의 조치 없이 그 집에 있다면, 그 집 재산으로 판단해서 처리해도 합법이라는 점을 이용한 것이다.

당시에는 아무런 서류도 작성하지 않은 채 단지 서로에 대한 신뢰 하나만으로 하청업체에 금형을 대여해줬다. 금형을 찾아오려고 결국 그 하청업체의 빚까지 갚아주었다. 금형이 없어 일을 못하면 그 피해는 더 커진다. 차라리 하청업체의 빚을 갚아주는 게 낫다. 금형은 물론 내 것이지만 압류된 금형을 찾아오려면 소송을 해야 한다. 제품을 만들 때는 촌각을 다투는 일이 대부분이다. 금형을 다시 만들든 소송을 하든 시간이 한참 걸린다. 금형을 다시 만들어도 제품이 잘 나온다는 보장이 없다. 이미 그 금형에 노하우가 쌓여 있기 때문이다. 그래서 울며 겨자 먹기로 남의 빚을 떠안는 것이다.

요즘엔 금형이나 주조 같은 뿌리기술이 국가적 관심사로 떠오르고 있다는 반가운 소식이 들려온다. 스마트폰의 글로벌 경쟁에서 금형이 핵심기술이었다는 사실이 알려지면서 그런 듯하다. 뿌리기술은 화려하진 않지만 제조업을 탄탄하게 뒷받침하는 요소이다.

세간에선 미국의 애플이 연구개발이나 상품기획만 하고 제조는 중국에 맡긴다고 잘못 알고 있으나, 사실 금형 기술에 대해 애플은 최고의 기술을 보유하고 있다. 금형을 단순 기술로 취급하는 시각은 무지無知의 소치다. 금형은 부가가치가 높은 첨단 기술로 승화하고 있으며, 제품 경쟁력을 결정하는 디자인에도 큰 영향을 미친다. 소비자에게 어필하는 디자인을 구현하려면 금형 기술이 뒷받침돼야 한다.

일본이나 독일이 명품을 만드는 국가로 자리매김한 것도 금형 기술에 힘입은 바 크다. 국내에서도 이런 점을 반영해 삼성전자가 2010년 10월 광주광역시에 1,400억 원을 투자해 정밀금형개발센터를 세웠고, LG전자도 그에 필적하는 금형기술센터를 설립할 예정이라 한다.

송곳은 어디에 갖다 놓아도 튀어나온다

과거 하청업체에 당한 기억 때문에 이왕 일을 주는 거라면 믿을 만한 사람에게 주어야겠다는 생각이 들었다. 그래서 우리 공장에서 5년간 공장장을 했던 사람에게 하청을 맡겼다. 그런데도 본의 아니게 사건이 일어나 뒤치다꺼리를 하게 된 사연도 있다.

나는 그 친구에게 아무 조건 없이 사출기 3대를 주고 공장을 차려 독립시켰다. 우리 회사에서 하청을 주었기 때문에 유지만 잘해도 공장이 돌아가는 데는 큰 지장이 없었다. 그런데 덜컥 부도를 내고 말았다. 이 친구가 한 연립주택 업자에게 연립주택을 얻는 조건으로 가계수표를 맞바꿨는데, 이 업자가 어느 날 연기처럼 사라진 것이다. 업자에게 갔던 어음과 가계수표가 문제가 되어 공장의 기계마다 압류 딱지가 붙었다.

그 공장에 있던 우리 재료와 금형까지 죄다 굴비처럼 엮였다. 수출 계약에 따라 납품을 해야 하는 상황이어서 나는 잠도 제대로 이루지 못했다. 그 친구는 경찰에 잡혀가 유치장 신세를 졌다. 결국 내가 빚을 갚아주고 그 친구를 빼냈다. 누구나 실수할 수 있다. 그 후 그 친구는 우리 회사에서 근무하다가 지금은 독립해 작은 가내 공업을 한다.

당시 완구 시장 경쟁업체들은 "손오공이 1년 정도 하다가 문을 닫게 될 것"이라고 장담했다. 그만큼 시장에서 살아남기가 만만치 않았다는 뜻이다. 창업을 하는 후배들에게 꼭 들려주고 싶은 이야기가 있다. 아무리 경쟁자들의 질시와 모함이 있다 해도 '송곳은 어디에 가져다 놓아도 튀어나온다.'라는 것이다. 이 말을 꼭 기억하길 바란다.

해외 시장에
너무 욕심 내지 마라

요즘 문화 콘텐츠 사업을 하는 사람으로서 꽤 흐뭇한 일은 한류가 전 세계로 확산되고 있다는 것이다. 일본, 중국 등의 아시아뿐만 아니라 프랑스, 이탈리아, 영국 등의 유럽과 중동, 미주, 남미 그야말로 전 지구촌에 한류가 불고 있는 듯하다.

얼마 전에는 파리의 한류 마니아들이 루브르박물관 앞에서 케이팝K-POP 가수들의 파리 공연을 1회 연장해달라는 깜짝 시위를 벌였다. 드디어 케이팝 가수들의 파리 공연은 성황리에 막이 올랐고 현지 언론도 주목하고 헤드라인 기사를 쏟아냈다. 이 소식을 접한 세계 각지의 한류 마니아들이 자기네 나라에도 공연을 와달라는 플래

시몹불특정 다수의 사람들이 정해진 장소에 모여 특정 행동을 하고 곧바로 흩어지는 일종의 해

프닝 시위를 벌이기도 했다. 이제는 케이팝 커버댄스케이팝 가수들의 노래
와 춤을 따라하는 행위로 그 열기를 이어가고 있다. 우리로서는 신기하면
서도 흐뭇한 광경이 아닐 수 없다.

지금의 이 한류를 전 세계에 더욱 정착시키는 것이 우리 문화 콘
텐츠 사업가들이 해야 할 일이다. 이것은 어느 한 사람의 힘만으로
되는 게 아니다. 그런데 가끔 근시안적인 시각으로 시장을 흐려놓는
사람들이 있다. 해외 시장에서는 콘텐츠 사절단 대표라는 사명을 가
지고 일을 해서 다음 세대가 이어갈 수 있는 발판을 만들어주어야
한다.

지금 한창 떠오르고 있는 케이팝 관련 콘텐츠는 상당한 상품력을
가지고 있다. 상품력이 높은 콘텐츠일수록 너무 욕심을 부리지 말고
양질의 콘텐츠를 만들어내는 데 더욱 주력하고 현지인과 윈윈 전략
으로 접근하라고 조언하고 싶다.

해외 시장은 수익도 크지만 리스크도 크다

2003년 8월 11일 코엑스태평양관 SCAFE 전시회에서 KBS 이상
우 팀장 주관하에 일본 NHK와 〈겨울연가〉 방송권 협약식이 있었
다. 이후 2004년 일본 NHK에서 〈겨울연가〉가 방영되었고 폭발적
인 한류 붐이 불기 시작했다.

〈겨울연가〉 내용 중에 배용준과 최지우가 만나서 눈사람을 만들

어 마주보는 장면이 나오는데, 우리 회사에서 그 눈사람 봉제인형을 만들어 수출을 했다. 당시에 일본 거래처 임원들은 〈겨울연가〉 관련 선물을 부인에게 사다 주면 아침밥이 달라진다고 할 정도로 인기가 대단했다.

하지만 아무리 인기가 있다고 해도 해외 시장에 대해서 너무 욕심을 부리지 말라고 권하고 싶다. 콘텐츠 사업은 특히 해외와 연관된 경우 해외 시장에 직접 뛰어들었을 때 큰 수익을 낼 수 있지만 그만큼 리스크도 크다. 자칫 이런 경우를 당할 수도 있다.

2007년에 미국 장난감 업체 마텔의 중국 하청업체 사장이 공장에서 목을 매달아 자살하는 사건이 일어났다. 중국 하청업체가 유해 페인트가 사용된 장난감을 수출했고 마텔로부터 리콜 요구를 받은 직후 벌어진 일이다.

마텔은 이 업체에 장난감에 납이 첨가된 페인트가 사용됐다며, 〈세서미 스트리트Sesame Street〉의 인기 캐릭터인 엘모와 빅버드 등이 포함된 장난감 150만 개에 대해 리콜을 요구했다. 그 하청업체 사장은 거기에 대한 부담감을 견디지 못해 극단적인 방법을 선택한 것이다. 우리도 마찬가지다. 해외에서 클레임이나 리콜이 걸리면 끔찍한 상황이 발생한다.

해외 수출이 잘되는 상황일수록 더 조심해야 한다. 해외의 경쟁업체들은 현지로 직접 들어온 장난감의 문제점을 파헤치고, 문제가 없으면 문제를 만들기도 한다. 그냥 10퍼센트의 로열티만 받고 현지 배급업체에 넘겨주는 편이 나을 수도 있다. 어떠한 문제가 발생

해도 직접 책임질 이유가 없기 때문이다.

나라마다 특징이 있어서 구석구석 관리하기는 어렵다

요즘은 중국도 저작권에 대한 인식이 확산되어 권리를 확보하고 로열티를 지불하는 방식을 채택하고 있지만, 아직까지도 오리지널 상품보다 카피 상품이 더 판을 친다. 더욱이 중국은 다른 나라의 문화도 쉽게 받아들이지 않는다.

그런 국가들에는 한류를 더욱 깊이 뿌리내리게 하는 전략으로 라이선스를 판매해서, 현지 사업자를 통해 그 나라 현실에 맞게 상품을 만드는 것도 방법이다. 대신 한국에서 상품을 철저히 확인하고 관리를 해야 한다.

아무리 뛰어난 관리자라 해도 나라마다 특성이 있어서 그 나라 구석구석까지 감독하기는 어렵다. 어느 나라든지 카피 제품이 나온다. 그것도 인기가 있으니까 나오는 것이다. 그렇다고 해서 다 막을 수도 없다. 한창 인기 있을 때 카피한 업자를 고발해봤자 진의 여부를 가리는 시간이 너무 오래 걸린다. 결국 업자가 카피 상품을 다 팔 때쯤에는 인기가 사그라들어 고발 건은 유야무야되는 일들이 비일비재하다. 그리고 손해에 대한 입증이 어려운 것이 저작권의 한계이기도 하다.

자기 회사에 이익이 된다면 오히려 막지 말라고 해도 수익을 내

한류 시장 개척을 위해 제작된 애니메이션 〈장금이의 꿈〉

기 위해서 열심히 막으려고 스스로 노력을 한다. '아는 사람이 훔쳐 간다.'라는 속담이 있듯이 카피 상품을 막는 것도 그 나라 성격을 잘 아는 사람이 막아준다. 새로운 사업 모델은 항상 존재하고 아이디어가 있는 한 새로운 상품도 항상 존재한다. 그러니 단기간의 이익만 노리고 해외 시장에 너무 욕심을 내는 것보다는, 각 나라마다 컨소시엄을 형성해서 각자의 사업 이권을 나눠 가지면서 서로가 윈윈할 수 있는 방향을 추천한다.

더불어 그 나라 시장에 맞는 상품을 개발하도록 독려를 해야 한다. 손오공이 일본 NHK에서 방영한 〈장금이의 꿈〉 애니메이션에 투자했을 때도 한국에서 상품을 만들어 수출하려 했다. 하지만 일본 사업자가 현지 사업 권리를 전부 넘기는 올라잇 판매를 원해, 우리는 권리를 넘겨주고 일본에서 물건을 만들어 판매하는 방식으로 진행했다.

한류 시장은 지금보다 앞으로 더욱 열어가야 할 시장이다. 한 단계 한 단계 차곡차곡 탄탄하게 쌓아가야, 세계 시장으로 끝없이 퍼져 더 많은 나라에 더욱 깊이 뿌리를 내리게 될 것이다.

혼자 초대받은
바비 인형 파티

1990년부터 독일 뉴렌버그에서는 매년 1월 30일 무렵이면 세계 최고 규모의 완구 전시회가 열린다. 그리고 매년 2월 10일 무렵에는 뉴욕에서 토이쇼가 열리는데, 뉴욕 토이쇼는 세상에 알려지지 않은 신제품을 소개하는 장이다. 사전에 초대받지 않으면 전시 룸에 들어가지도 못한다. 그 시기의 뉴욕 날씨는 뺨을 도려낼 듯한 맹추위를 자랑한다.

2002년, 한국 완구업계의 VIP로 초대받은 나는 리셉션에서 세계 각국의 완구업자들과 만나 정보를 주고받을 예정이었다. 비행기는 존 F. 케네디공항 하늘을 배회하며 내릴 채비를 했다. 그리고 점점 뉴욕 땅이 가까워졌다. 비행기가 착륙하는 동안, 창밖으로 내려다보니 몇 달 전만 해도 전 세계를 지휘하듯 웅장한 모습을 자랑하

최신 완구 트렌드를 한눈에 알 수 있는 뉴욕 토이쇼

던 쌍둥이빌딩이 온데간데없었다. 그 자리는 빌딩 숲 속에 생긴 원형 탈모 흔적처럼 휑했다. 9·11테러의 참혹함은 나도 몰래 입이 딱 벌어져 다물어지지 않을 정도였다.

전 세계의 새 완구를 소개하는 뉴욕 토이쇼

기내에서 한 일본 완구업체 사장을 만났다. 드디어 비행기가 착륙하고 공항에서 그와 함께 입국수속을 하는데 일본인은 10분 만에 입국수속이 끝났다. 반면 우리는 비자가 있어 입국수속이 30분 이상 걸렸다. 그 상황에서 내가 왜 그 사람한테 무안하고 머쓱했는지 모르겠다.

뉴욕 토이쇼는 전 세계의 새 완구를 소개하는 자리라 상상도 못하는 상품들이 많이 쏟아져 나온다. 그 전시를 보면 한눈에 최신 완구 트렌드와 각국의 시장 분위기를 알 수 있다. 하나라도 놓칠세라 빽빽한 빌딩 숲 속에서 이 건물, 저 건물로 옮겨 다니며 회의를 하다 보면 사나흘은 꼬박 걸린다. 시차 적응이 안 돼 회의 도중 깜박 졸다 머리가 땅으로 떨어지고, 제 풀에 놀라 다시 눈을 부릅뜨는 일도 다반사다. 그럴 땐 주섬주섬 주위를 둘러보며 표정 관리에 들어가곤 하지만, 도무지 무슨 말을 들은 건지 무엇을 보았는지 가물가물 기억이 나질 않는다. 그 시간은 헛일한 거다. 그래서 다른 직원들과 회의한 내용을 모아 정리를 하기도 한다. 그런데 참 신기한 것은, 미팅 때는 그리 감기던 눈도 뉴욕 밤거리에 나서면 초롱초롱해진다는 것이다.

2000년 밀레니엄 새해의 어느 밤, 브로드웨이에서 모처럼 시간을 내어 뮤지컬 〈캣츠〉를 보러 갔다. 여기서도 깜박 졸다 깨보니 누가 내 옆에서 큰 숨을 내쉬며 서성거리고 있었다. 극 중 고양이 여러 마리가 내 곁으로 한발 한발 걸음을 옮기며 "캣츠!"라고 외치는 게 아닌가. 어찌나 놀랐던지. 오래오래 간직할 뉴욕의 추억이다.

코리아타운에 들어서자 웬 한국 여자가 다가와 "오빠!" 하며 간드러진 목소리로 1달러만 달라고 사정했다. 내가 멈칫하는 동안 한

인 남자가 다가와서 돈을 주면 마약을 사서 피니 그냥 지나치라고 조언했다. 젊은 여자인데 뭐가 부족해 마약 중독자가 됐는지 안타까웠다.

코리아타운을 지나 맨해튼 거리로 걸어 나왔다. 영화 〈다이하드〉에 등장했던 맨해튼 거리의 전화 부스와 같은 곳을 발견했다. 주인공이 전화로 다급하게 소리 지르며 폭발장치가 있다고 호소하던 자리였는데, 현실 속에서 멀쩡한 게 신기하기만 했다. 맨해튼의 쉐라톤 워커힐 호텔에서 숙박하고 조식을 먹으러 내려왔다. 갑자기 삼엄한 경비가 펼쳐지더니 우리가 가는 길을 막았다. 옆에서 소리가 나서 고개를 돌려보니, 클린턴 전 대통령이 옆 연회장에서 연설을 하고 있었다. 경비원들이 우리를 막은 이유를 알 것 같았다.

다시 하늘에서 비행기 창문으로 내다본 9·11 테러 현장의 모습이 궁금해 그곳으로 갔다. 임시로 쳐놓은 줄에 매달아놓은 옷들이 눈에 들어왔다. 희생자들이 살아생전에 입었던 옷과 명복을 기리는 부모 형제의 글들이 마음을 서글프게 했다.

그날 나는 세계적인 완구기업인 하스브로의 회장과 환담을 나눴다. 〈닌자거북이〉로 많이 알려진 플레이메이츠와도 많은 정보를 주고받았다. 값싼 제작비 대비 가장 큰 흥행 수익을 올린 영화가 〈닌자거북이〉라고 한다.

이 엉성한 한 편의 영화 덕분에 오늘날 캐릭터 재벌인 플레이메이츠가 탄생한 것이다. 플레이메이츠는 〈닌자거북이〉를 크게 히트시킨 다음 홍콩에서 빌딩도 인수했다. 플레이메이츠 본사 안에는

존 싱클레어 플레이메이츠 회장으로부터 받은 순금 거북이

닌자거북이 동상이 양방향에 세워져 있다. 나는 플레이메이츠 회장인 존 싱클레어로부터 거래에 고맙다는 인사로 순금 거북이를 선물받았다.

하스브로의 파티에도 초대받아 마이크 블록 회장을 만났다. 그는 각종 전시 중 어떤 것이 좋아 보이느냐며 내게 의견을 물어왔다. 마이크 블록 회장은 1990년 초부터 아시아 전역의 완구시장과 아이들 정서를 파악하는 경영 수업을 할 때, 홍콩에서 여러 번 만나 서로 어려운 사이는 아니었다. 앞서 말했지만, 하스브로는 일본 다카라의 트랜스포머 완구를 미국식으로 변형해서 거대 기업이 됐다. 스타워즈, 배트맨 등의 캐릭터 완구도 이 회사의 작품이다.

바비와 함께 춤을 추는 획기적인 온라인 게임

나는 바비 인형으로 유명한 마텔의 로버트 애커드 회장으로부터 특별 초청을 받아, 세계적으로 유명하고 아름다운 바비 인형을 만나기 위해 LA로 날아갔다. 내가 그동안 완구인으로 쌓아온 이런저런 경력을 인정받아 이루어진 것이었다.

마중 나온 조 프랭커 부사장이 안내하는 호텔에 숙박했는데 마텔과 붙어 있는 호텔이었다. 주위는 그다지 볼 것은 없고, 사무적인 비즈니스 분위기를 풍기는 거리였다. 2002년부터 마텔도 큰 진통을 겪었다. 마텔의 한 개발자가 퇴직하고 다른 회사로 옮겨 새로운 콘셉트의 상품을 내놓았는데, 그것이 바로 2003년에 발표한 브랏츠 인형이다.

이 인형은 미주와 유럽에서 대단한 돌풍을 일으키며 바비 인형의 인기를 넘어섰다. 브랏츠 인형에 여아 인형 순위 1위를 빼앗긴 바비는 2위로 추락했다. 하지만 마텔이 1억 달러 손해배상을 제기해 승소하면서 브랏츠 브랜드는 위기에 처하게 되었다. 브랏츠를 만든 MGA가 다시 항소를 하여 지금도 소송 중이다.

다음날 오전, 바비 인형의 친정인 마텔의 대회의실로 갔다. 경쾌한 발걸음에 미팅을 하는 내내 습관적으로 휘파람을 불며 상대를 즐겁게 해주는 로버트 엑커트 회장의 모습이 인상적이었다. 회의실에 차려놓은 음식을 먹으면서 회의를 진행하는 방식도 좋아 보였다. 그런데 이렇게 세계적인 기업이 인터넷에선 약해 보였다. 회의실에 인터넷이 준비되지 않아 어쩔 수 없이 말로 브리핑을 해야 했다. 물론 회장도 인터넷에 해박하지 못한 것 같았다.

그 미팅은 바비 인형을 온라인 게임으로 접목시키기 위해 마련된 것이었다. 바비 인형의 모든 것을 온라인으로 접목시키기만 하면 무궁무진한 아이디어가 나올 뿐 아니라 미주와 유럽의 바비 마니아들을 결집시킬 수 있다. 게임을 통해 엄청난 부를 만들어낼 수 있는 콘텐츠를 가지고 있지만, 마텔은 온라인 게임에 대해서는 잘 모르는 것 같았다. 더욱이 사장 임기가 2년밖에 되지 않아 실적에 목말라 몹시 쫓기는 기분이 느껴지기도 했다.

이런 상황에서 혼자 브리핑을 하고 정리해야 하는 것이 내게는 부담이었다. 50년이라는 긴 세월이 남긴 바비라는 콘텐츠를 온라인 게임으로 접목해서 만든다면 분명 세계적인 이슈가 될 것이다. 그야말로 바비와 함께 춤을 추게 되는 획기적인 게임이 탄생하는 것이다.

이 제안을 받아들인다면 내가 책임을 지고 혼자 연구하다시피 해야 한다. 그래서 나는 온라인 게임을 거부했다. 일단 손을 대면 다른 일은 제쳐두고 온라인 게임 개발이 끝날 때까지 몇 년간 붙어 있어야 한다. 이 콘텐츠는 우리한테 너무도 친숙하지만, 다른 개발자들은 애니메이션을 알면 장난감에 대한 개념을 잘 모르고 장난감을 알면 온라인 게임을 깊이 있게 모른다. 설령 안다고 해도 오프라인의 세계를 알아야 게임에 접목할 수가 있다. 그래서 바비 콘텐츠의 온라인 게임은 선뜻 기획을 잡기가 어려웠다.

　그나마 나는 애니메이션, 장난감, 온라인 게임 제작 경험이 있는 세계 유일의 사람이다. 이를 알기에 마텔이 원 소스 멀티유즈로 접목을 할 수 있는 파트너로 나를 선택한 것이다. 쉰 살이 넘은 할머니에서 엄마, 아이에 이르는 아름다운 바비 인형의 가족에게 둘러싸인 파티는 하루가 모자라는 행복한 시간이었다.

협상 테이블에 앉으면
못할 일이 없다

아무리 큰 권력이나 돈을 가진 사람도 한 인간에 불과하다. 다 똑같은 사람이기 때문에 어떤 상황에서도 테이블에 앉으면 협상할 수 있다. 고성이 오가고 소송까지 가는 상황이라도 협상 테이블을 마주하면 해결하지 못할 문제가 없다.

일이 꼬인 상황일수록 전화나 이메일을 이용하기보다 직접 만나서 이야기를 나누라고 권하고 싶다. 예민한 상황에서는 말씨 하나도 문제가 될 수 있다. 얼굴이 안 보이는 전화나 이메일은 자칫 오해를 부를 수 있으니, 직접 얼굴 보고 이야기하는 것이 훨씬 좋은 상황을 끌어낼 수 있는 비결이기도 하다.

오히려 상대방을 협상 테이블에 앉히는 것 자체가 더 힘든 일일지 모른다. 그러니 무슨 일이 생겼을 때는 무턱대고 바로 연락을 취하기보다 이쪽에서 충분히 전략을 짠 다음 행동에 들어가는 것이 좋다. 특히 중대한 협상일수록 상대와 접촉을 하기 전에 다양한 시나리오를 짜서 상대의 반응에 따라 바로바로 대처할 수 있게 해야 한다.

협상 테이블에 약한 CEO와 리더는 자신의 회사와 팀을 지켜내기가 어렵다. 다음은 내가 경험에서 얻은 협상의 기술이니 참고하기 바란다.

협상을 잘하려면 귀부터 열어라

내가 투자한 한국의 게임 개발사 디게이트가 일본 세가의 경쟁사인 다이토 아케이드 게임사에 수출을 하면서 벌어진 일화다. 손오공은 세가의 자회사인 세가토이와는 설립 초기부터 돈독한 관계를 가지며 거래를 해왔다. 세가 본사의 모리 이사는 내게 디게이트 김영국 대표가 세가의 개발 정보를 캐내서 〈공룡킹〉 카드와 기계를 만들었다고 강하게 항의해왔다.

〈공룡킹〉은 세가와 상관없이 한국에서 먼저 만든 것이었다. 그는 더 나아가 모든 완구, 애니메이션, 콘텐츠 거래는 물론 일본의 거래처들과도 앞으로 거래하지 못하도록 할 것이라며 일방적으로 통보하고 소송도 불사하겠다고 협박했다. 그는 세가토이 고쿠분 사장도 압박해 손오공과 거래를 중지하도록 했다.

그 정도 하면 내가 허리를 굽힐 것으로 생각했던 모양이다. 나는

"세계적인 회사가 생각하는 것이 그것밖에 안 되나?" "통이 큰 회사라면 이렇게 처신하지 않을 것이다."라고 말하고 절대 굴복하지 않았다. 알고 보니 세가는 〈무시킹〉 성공에 힘입어 다음 사업으로 공룡 시리즈 카드 아케이드 게임을 개발하는 중이었다. 한국에서 같은 아이템이 먼저 만들진 것에 당황한 나머지, 개발에 참여한 일본 직원이 억지를 부린 해프닝이었다.

2006년 10월 일본 세가 본사에서 만나자는 연락이 왔다. 세가는 고집이 세고 자존심이 아주 강한 회사란 것은 콘텐츠 사업을 하는 사람이면 누구나 아는 사실이다. 누구든 한 번쯤 오락실에서 아케이드 게임을 접해본 일이 있을 텐데 그 게임들을 개발한 세계적인 아케이드 게임사다.

2004년 10월 1일에 사미와 세가가 전격 합병했다. 사미는 파친코로 돈을 많이 버는 회사인데 이미지 쇄신을 위해 세가를 인수했다. 세가는 당시 비디오 게임으로 인해 큰 손실을 계속 보다가, 마침 합병을 하고 〈무시킹〉이란 사슴벌레 카드 아케이드 게임으로 일본에서 대박을 쳤다. 그리고 후속 아이템으로 확정한 것이 바로 〈디노킹〉 공룡 카드 아케이드 게임 사업이었다. 그룹 차원에서 밀려고 회장한테까지 이미 보고된 카드 사업이라는 걸 나중에야 알게 되었다.

나는 세가 이사진들과 회의를 하기 위해 일본 소넥스 사장 와다 비키, 손오공 해외사업부 김은용 과장, 이남훈 소장 등과 함께 도쿄 세가 본사 대회의실로 들어섰다. 오구치 사장, 사토미 회장의 비서실장인 호리, 우스이 전무, 세가토이의 고쿠분 사장 등 여섯 명이 우리를 기다리고 있었다. 한국 사람과 같이 회의를 하기 위해 모인 일은 유례가 없었다고 한다.

나는 협상을 원만하게 끌어가기 위해 일단 듣는 데 주력했다. 침착하게 듣고, 오해라는 명분을 주고, 분위기를 살렸다. 내가 제대로 배우진 못했지만 아무리 어렵더라도 굴하지 않고 열심히 살아가고 있다는 인간적인 면을 많이 보였다. 내 말에 다들 숙연해지더니 곧 친근감을 보이며 나를 치켜세웠다.

그리고 앞으로도 계속 거래를 하자고 했다. 그 뒤로 일본의 〈디노킹〉 애니메이션 콘텐츠 권리를 모두 나에게 줄 테니 잘해보자고 독려하며 이사진들이 박수를 쳤다. 악수와 함께 협상은 잘 마무리됐고, 나는 세가-사미와 다시 사업을 하게 되었다.

일단 협상 테이블에 앉아라

'월드워크래프트'로 세계적으로 유명한 블리자드는 콧대가 하늘을 찌른다. 블리자드는 프랑스에 본사를 둔 비벤디의 자회사다. 미주, 유럽에서 콘솔 게임으로 알려진 액티비전을 비벤디가 2008년 7월 1일 합병하면서 '액티비전 블리자드'로 사명이 바뀌었다.

그런데 게임 유통사인 손오공 아이비의 직원 120여 명에게 일시에 해고 통보를 해야 하는 급박한 상황이 벌어졌다. '스타크래프 2'가 생각보다 잘 안 된 탓에 블리자드의 한국 본사 직원에게도 해고 바람이 휘몰아친 것이다.

한국에 새로 부임해온 길마틴 사장은 일주일마다 회의를 하면서 잘해보자고 했던 사람인데, 그 뒤로 그를 만나기가 하늘의 별 따기 였다. 문제가 하나도 해결되지 않고 진전도 되지 않아 제자리걸음 이었다. 나는 뭘 어떻게 결정해야 할지 모를 지경에 이르렀고, 적자 에 직원들의 사기도 떨어져 이제는 결단을 해야 하는 상황이었다. 나는 그에게 이틀에 한 번씩 이메일을 보내 만나자고 했다.

해외 출장이다, 연말 휴가다 해서 만나지 못하다가 결국 4개월 만에 만나게 됐다. 나는 물꼬를 트기 위해 밤 7시부터 12시까지, 난 생 처음으로 시가 바에서 칵테일을 마시며 피우지도 못하는 시가를 입에 물고 길마틴 사장과 마주 앉아 대화를 나누었다.

자정이 다 되도록 이런저런 이야기를 나누었다. 결국 그가 앞으 로 나오는 게임도 같이하자며 오히려 좋은 조건을 제시했다. 앞으 로 일은 서로 도와가며 같이하기로 하고 모순된 부분은 순차적으로 해결하기로 합의했다. 협상 테이블에 앉기가 어려워 그렇지, 앉기 만 하면 해결 실마리는 있는 것이다.

그러니 경쟁 업체나 협상 상대에게 절대 감정적으로 대해서는 안 된다. 《삼국지》에서도 관우 장비를 잃자 분노에 찬 유비가 복수 를 위해 전쟁을 일으키지만 패하지 않는가.

비장의 협상 카드를 준비하라

지금은 '아이폰'이라는 신무기로 세상을 바꾼 애플 CEO 스티브 잡스, 그 역시 나와 마찬가지로 젊은 시절 어려운 환경에서 기업을 일구었다. 워낙 큰 사람이라 감히 비교하기는 미안한 일이지만, 잡스의 협상력을 보여주는 일화가 있다.

잡스가 컴퓨터 그래픽 회사를 인수해 회사 이름을 '픽사'로 바꾸고 할리우드 최고의 애니메이션 회사로 키워가고 있을 때의 일이다. 잡스가 이끄는 픽사는 1995년 3D 애니메이션 〈토이 스토리〉를 만들어 공전의 히트를 쳤다. 그러나 스포트라이트는 월트 디즈니 픽처스가 받았다.

픽사가 1991년 월트 디즈니 픽처스와 맺은 계약에 따르면 〈토이 스토리〉 흥행 수익의 대부분은 월트 디즈니 픽처스의 주머니 속으로 들어가게 되어 있었다. 계약서는 강자인 월트 디즈니 픽처스에 유리한 조항들로 작성되어 있었다. 애니메이션 제작 도중 일방적으로 제작을 중단할 권리까지도 월트 디즈니 픽처스에 있었다. 이런 구조 속에선 평생 월트 디즈니 픽처스의 하도급 신세를 벗어가기 어려웠다.

잡스는 업계의 거인인 월트 디즈니 픽처스를 상대로 계약 변경을 요구하는 협상에 나섰다. 흥행 수익을 픽사와 월트 디즈니 픽처스가 반반씩 나누고, DVD 패키지 등 각종 제품에 월트 디즈니 픽처스와 같은 크기의 픽사 로고를 붙이는 조건 등이었다. 월트 디즈니 픽처스의 CEO 마이클 아이너스가 그런 요구를 받아들일 리 없었다.

잡스는 비장의 협상 카드를 들고 있었다. 그것은 픽사의 탁월한 3D 애니메이션 제작 능력이었다. 월트 디즈니 픽처스는 거대한 왕국을 구축하고 있었지만, 애니메이션 제작 능력은 쇠퇴하고 관객 동원마저 부진한 상황에 있었다. 월트 디즈니 픽처스에는 픽사의 존 레스터 같은 제작자도 없었다. 이런 부분은 마이클 아이너스의 아킬레스건이었다.

반면 픽사는 〈벅스 라이프〉와 〈몬스터 주식회사〉 등으로 연타를 터트리며 자신의 가치를 입증하고 있었다. 픽사가 언젠가 월트 디즈니 픽처스에 등을 돌려 라이벌과 손을 잡는다면 월트 디즈니 픽처스에 치명타를 줄 수도 있었다.

잡스는 월트 디즈니 픽처스의 창업주이자 아이너스를 탐탁지 않게 생각하고 있던 로이 디즈니와 우회적 협상을 벌였다. 아이너스가 있는 한 계약을 하지 않겠다는 뜻을 전해 아이너스를 곤경에 빠트렸다. 결국 아이너스는 퇴진하고 월트 디즈니는 2006년 약 74억 달러의 거액을 들여 픽사를 인수했다. 아이너스를 전방위로 압박한 잡스의 승리였다.

약속 시간에 빨리 갈 필요도 늦게 갈 필요도 없다

나는 1989년부터 해외 시장에 눈을 뜨며 일본을 포함한 해외 기업들과 수많은 협상을 벌여왔다. 특히 일본 기업들의 협상력을 보면서 많은 것을 깨달았다. 한국에서 콘텐츠 사업을 하는 사람들은 일본 사람과 협상할 때 지는 경향이 있다. 협상 테이블에서 너무 서두르다 라이선스 가격을 턱없이 올려주고도 제대로 권리 행사를 못하고 끌려 다니는 경우가 많다.

일본 사람은 꼼꼼하고 집요하다. 협상할 때 앞에서는 속내를 잘 드러내질 않아 잘된 걸로 착각하기 쉽다. 아무리 룸살롱에서 좋은 분위기였다고 해도 그때 상황만 보고 맘을 놓아서는 안 된다. 본사에 돌아가서 팩스나 이메일로 "그때 그거 뭔가요?" 하고 묻는다.

지금까지 나는 내 나름의 노하우로 일본 측과의 협상을 잘 이끌어왔다. 비결이 있다면 약속 시간에 빨리 갈 필요도 늦게 갈 필요도 없다는 것이다. 나는 항상 정시에 약속 장소에 도착한다. 상대방에게 완벽하게 보이려고 노력한다. 당시만 해도 일본 사람은 한국 사람을 얕잡아 보는 경향이 있었다. 일본 사람뿐만 아니라 다른 나라들도 한국 사람을 보면 '코리안 타임'을 들먹였다. 언제나 시간을 어긴다는 말이다.

그것을 알았기에 나는 빈틈을 보이지 않으려 했다. 협상이 끝나고 사석에서 긴장을 푸는 사람도 있지만, 나는 같이 술을 마셔도 흔들리는 모습을 절대 보여주지 않았다. 직원들에게도 술을 먹고 흐느적거리더라도 제자리에 우뚝 서는 사람이 되어야 한다고 종종 말한다. 이것도 비즈니스의 기선을 잡는 하나의 방식이다.

상대가 집요하면 더 집요하게 나가라

일본 사람의 집요함은 같이 일해본 경험이 있는 사람이라면 고개를 절레절레 흔들 정도다. 웬만한 한국 사람은 이 집요함을 견디지 못하고 두 손을 든다. 이런 스타일을 상대하는 방법은 맞불이 최선이다. 내가 더 집요하게 나가면 저쪽에서 물러나게 되어 있다. 이렇게 하려면 협상 준비, 체력, 집중력을 모두 갖춰야 한다.

나는 협상이 있을 때는 약속 장소에 먼저 도착해 주변에서 요기를 하거나 커피를 마신다. 그리고 약속 장소엔 정시에 들어간다. 조금만 신경을 쓰면 내가 미안해하기보다는 상대가 항상 미안해하는 상황을 만들어낼 수 있다. 간혹 일본 쪽에서 약속을 못 지키거나 늦으면 "아, 괜찮습니다."라고 토닥인다. 그러면 결국 그들이 미안해서라도 뒷주머니에 감춰두었던 것 하나를 꺼내 준다.

또한 일본 사람들에게 나의 좋은 모습을 보여주려고 노력했다. 1999년 SICAF서울국제만화애니메이션 페스티벌 당시 이 행사의 부위원장이던 나는 협상차 한국에 온 미쓰비시 관계자들이 전시장을 둘러보게 했다. 그들은 마침 내가 영부인 이희호 여사와 테이프 커팅을 하고 함께 사진 찍고 있는 모습을 자연스럽게 보았던 것 같다.

나중에 안 사실이지만 미쓰비시 사람들이 일본의 애니메이션 제작사들에게 이 이야기를 많이 퍼뜨려 내게 많은 도움이 되었다. 실제로 미쓰비시의 한 관계자는 내 앞에선 절대 흐트러진 모습을 보이지 않는다. 그런 그가 다른 한국 사람을 만나면 좀 풀어지는 모습을 보인다는 이야기를 듣고 웃었다.

미쓰비시 사람들을 처음 만났을 때만 해도 나는 월트 디즈니 픽처스를 상대하던 스티브 잡스의 위치에 서 있는 입장이었다. 그러나 오랜 협상 테이블을 거치면서 신뢰가 쌓였다. 지금은 좋은 사업 파트너로 서로에게 힘이 되고 있다.

다카라와 토미가 합병하면서 일본에서는 반다이를 제치고 업계 1위로 등극했다. 한국에서는 손오공도 앞으로는 어렵게 될 거라는 소문이 돌았다. 많은 한국 업체가 거래를 트기 위해 다카라토미 사무실에 수없이 연락을 해대고 심지어 직원에게 로비까지 했다. 그러나 나는 수년간 이미 콘텐츠에 많은 투자를 해왔으므로 전혀 걱정하지 않았다.

다카라토미 역시 테이블 협상에서 손오공이 다카라와 20년 이상 신뢰를 꾸준히 쌓아온 것을 인정해주었다. "다른 회사처럼 경쟁 회사에 대해 비방을 하지 않은 회사는 손오공뿐이다. 정말 진지하고 열심히 일하는 모습에 반했다."라며 자신들의 속내를 들려주었다.

다카라토미로 합병되기 전에 토미는 여러 곳과 10년 이상 거래를 지속해왔다. 그런데 그동안 토미에서 거래하던 거래처를 다 정리하고 한곳으로 몰아서 가자고 결론을 내려 손오공이 독점 계약을 따냈다.

한 번 고개 숙인 사람에겐
끝까지 고개 숙여라

사람은 누구나 힘이 없고 도움을 받고자 할 때는 고개를 숙인다. 그러다가 힘이 생기면 고개를 뻣뻣하게 쳐든다. 실제로 주변에서 그런 경우를 많이 봤다. 매사에 자신이 있는 사람은 고개를 들지 않고 더 숙인다. 그만큼 자신감이 넘치니 그런 것이다. 벼는 익을수록 고개를 숙인다고 하지 않는가. 그러니까 자신감이 있는 사람은 고개를 숙이는 일을 굴욕이라고 생각하지 않는다. 나는 처음 고개를 숙였던 사람에게는 끝까지 고개를 숙인다. 내가 커졌든 작아졌든 설사 상대의 처지가 어려워졌다 하더라도 말이다.

손오공의 하청 일을 하면서 탄탄하게 자리를 잡은 한 회사의 사장과 마주쳤을 때의 이야기이다. 그가 술 접대를 할 테니 같이 자리를 하자고 했던 것이 엊그제 같았는데, 돈을 좀 모았다는 이야기를 듣고 있던 터였다. 그는 나를 만나면 언제 어디서든 달려와 얼굴을 보이려고 애를 쓰며 인사를 하던 사람이었다.

그러던 어느 날, 거래처 사람들과 회의가 있어 여의도 빌딩에 갔는데, 우연히 그와 승강기 앞에서 마주쳐 함께 타게 됐다. 예전 같으면 사람이 있든 없든 고개를 팍 숙였을 사람인데 '여기 웬일이야?' 하는 표정으로 나를 빤히 쳐다보았다. 그 분위기가 참 당황스럽기도 하고 내가 어떻게 행동해야 할지 머쓱하고 어색해서 내가 먼저 인사를 하며 도리어 고개를 숙였다.

이런 일을 겪을 때마다 마음 자세가 중요함을 새삼 느낀다. 그렇지 않다면 이 세상에 진실은 어디 있겠는가. 사람의 가치와 빛은 억지로 만들어지는 것이 아니고 살면서 자연스레 몸에 배어 우러나오는 것이다.

서운한 것만 생각하니 늘 불만이다

차인표가 주연을 맡은 KBS 드라마 〈명가〉의 경주 최 부자 가문에도 그런 인물이 나온다. 갈 곳도 없고 거지 차림으로 있던 사람을 최국선차인표의 아버지가 집에 데려와서 집사로 키운 마름이 있다. 그는 아들과 함께 부족한 것 없이 잘 살았지만 항상 그의 자식이 못마땅하다는 생각이 들었다. 자신이 최 부자에게 굽실거리며 사는 것도 싫은데 아들마저 최국선한테 한마디로 꿀리고 사는 것이 늘 불만이었던 것이다. 그래서 마름은 아들을 최 부자 집안의 적이 되게 만든다.

처음 최 부자 집에 들어와서는 무엇이든 시키는 대로 할 것처럼 굴어 최 부자에게 인정을 받아 마름이 된 그는, 자신이 어려웠던 시절에 최 부자 집에서 베풀어준 것은 잊어버리고 서운한 것만 생각하니 항상 불만이었다. 그런 줄도 모르고 최 부자 가족은 나라 걱정만 한다. 최국선 아버지는 이미 전쟁터에 나가 싸우고 있었다. 대를 이을 어린 국선이와 며느리를 두고 국선이 할아버지마저 전쟁터에 지원한다.

이 틈을 타서 마름은 그 집의 재산을 가로채려고 최국선을 납치 살해하려다가 실패한다. 훗날 전쟁터에서 할아버지는 죽고 아버지가 돌아온 후에 이 사실을 알아차리게 되어 마름과 그의 아들은 최 부자 집에서 쫓겨난다. 마름은 쫓겨나가면서 앞으로 두고 보자고 악담을 퍼부으며 최 부자 집을 떠난다. 최 부자는 전쟁 피난민들에게 쌀과 돈을 나눠주는 등 사람으로서 지켜야 할 소중한 가치를 지키며 살아간다.

어느덧 세월이 흘러 돈을 번 마름은 양반 족보를 얻어 꽤 행세를 한다. 마름은 최국선에게 "도련님, 도련님" 하던 과거를 씻어내려는 듯 최 부자 가족들을 무시한다. 돈으로 만든 당당함으로 온갖 나쁜 짓을 일삼다가 마름과 그의 아들은 결국 망하게 된다. 그런 사람은 근본적으로 뿌리가 약해 얼마 못 간다. 힘이 있는 것 같아도 실상은 힘이 없는 것이다.

우리 회사에서 공손히 인사를 잘하는 직원이 있다. 출근할 때도 그렇지만 퇴근할 때도 엘리베이터까지 따라 나와 인사를 건넨다. 어떤 직원은 그 직원이 아부를 한다고 질시 어린 눈으로 쳐다본다. 나는 불만에 찬 직원에게 "그것을 아부라고 보기 전에 하나만 물어봄세. 자네는 왜 면접 볼 때는 인사를 잘했는데 지금은 달라졌는가?"라고 했다.

불만의 대상이 된 직원은 애초부터 인사를 잘했고 지금도 초지일관 변함이 없다. 나는 그 점을 주의 깊게 본다. 그리고 그 직원이 나에게 하는 행동은 예의지 아부가 아니다. 자신감이 있는 사람은 인사를 잘하고, 자신감이 없으면 인사를 못한다는 게 내 생각이다.

당신은 영원한 나의 사장

내가 어려웠을 때 만난 분이 있다. 그때 그분은 나보다 훨씬 잘 살았다. 주위에 돈을 빌려줄 정도로 여유가 있었다. 그러나 지금은 어려운 처지에 놓여 식당을 한다. 나는 지금도 그분을 찾아가 "사장님!" 하고 고개를 숙인다. 언제나 내가 먼저 고개를 숙이면 마음이 평화로워진다.

다카라 회장 아들인 사토 히로히사와의 관계도 마찬가지다. 사토는 다카라 창업주의 큰아들로 한때 다카라의 대표였다. 나는 사토가 다카라 대표일 때부터 연을 맺었고 그와 친분을 가져왔다. 사토는 다카라에서 독립해 자신의 사업을 하고 있지만 썩 잘되는 편은 아니다. 그래도 나는 언제나 연말이 되면 지금도 잊지 않고 사토 대표와 과거 다카라 전무였던 와다비키를 한국으로 초대해 예전과 같이 대우한다.

처음 만났을 때 사토와 나의 지위는 비교가 되지 않았다. 내가 무조건 도움을 받을 수밖에 없는 처지였다. 지금은 내가 훨씬 상황이 나아졌지만 사토와의 개인적 관계는 아직도 처음 그대로다. 사토 대표는 어린 시절부터 아무 어려움 없이 호강하며 자랐기 때문에 나와는 전혀 다른 귀공자 스타일이다.

나는 사토 대표를 간혹 만나면 "당신은 영원한 나의 사장"이라고 말하고 직원들 앞에서도 그렇게 대한다. 아무리 강산이 변해도 나와 그의 관계는 예전 그대로다. 내 마음이 변함없음을 보여주고 싶어서다. 그는 지금도 무척 감동하면서 나에게 최대한 도움이 되고자, 새로운 아이디어나 일본에서 인기를 끄는 제품이나 좋은 상품이 나오면 정보를 모아 보내준다.

사토 대표의 인생은 일본 완구 및 콘텐츠 산업과도 긴밀하게 얽혀 있다. 사토 대표는 1990년대에 아버지로부터 회사를 이어받았으나, 다카라는 급성장하는 업계 라이벌 반다이에 밀리기 시작했다. 당시 일본 완구업체 순위는 1위가 반다이, 2위 다카라, 3위 토미였다. 이 세 업체가 경쟁 체제를 이루고 있었다. 반다이는 건담, 다카라는 트랜스포머, 토미는 미니카 시리즈인 토미카 이후 포켓몬스터를 킬러 콘텐츠로 내세우고 있었다.

세 회사 모두 정말 쟁쟁한 업체들이었지만 이들의 운명은 달랐다. 사토는 디지털형 사장이라 관리는 잘하는데 진보적인 면이 부족했다. 뒤에서 더 자세히 설명하겠지만, 다카라는 모처럼 탑블레이드로 돈을 번 후 '쵸로Q'라는 시속 30킬로미터로 달리는 미니 전기 자동차에 투자한 게 화근이 되어 쇠락의 길을 걸었다. 전기자동차에 대한 투자는 너무 앞서간 것이었다. 회사 내부 사정으로 다카라의 사토 게이타 대표가 물러나면서 다카라-토미 부사장을 맡는 상황이 됐다. 반면 토미는 다카라와 합병되면서 업계 최고로 떠올랐다.

현명한 연횡합종 관계가 생사를 가름한다

내가 탑블레이드로 다카라와 사업을 하게 된 시점은 사토 히로히사 대표에 이어 동생인 사토 게이타가 대표가 6개월여 동안 회사를 경영하고 있을 때였다. 그 기획은 형인 사토 히로히사 체제하에서 이미 세팅된 것이었다. 지금은 다카라와 토미가 합병되면서 다카라-토미로 사명이 변경되었고, 동생인 사토 게이타가 아직도 다카라 쪽 지분을 갖고 있다.

한국 시장에선 다카라와 토미가 우왕좌왕하는 사이에 반다이 코리아가 무섭게 치고 올라왔다. 반다이는 세계 모든 나라에서 다카라를 이겼지만, 손오공이 이끄는 한국 시장만큼은 이기지 못했다는 이야기가 이사회에서 나왔을 정도였다. 그만큼 한국 시장에 집착을 가지고 공세를 퍼부었다.

원래 다카라와 토미는 제조업체이고, 건담 관련 상품으로 유명한 반다이는 유통업체다. 그런 반다이가 유다카라는 제조업체를 인수해 직접 생산에 뛰어든 것이다. 공전의 히트작 파워레인저 시리즈도 반다이가 진행하고 있다. 반다이는 유통과 마케팅 능력이 뛰어난 데다 알짜 제조업체들을 인수해 제국을 만들어갔다.

반다이가 인수한 또 다른 유명 회사로는 애니메이션 제작사 선라이즈를 들 수 있다. 선라이즈는 다카라와 반다이 등의 의뢰를 받아 애니메이션을 제작했다. 반다이에는 〈건담〉 시리즈를, 다카라에는 〈트랜스포머〉를 만들어주었지만 반다이에 인수된 후부터는 다카라와 거래를 끊었다. 경쟁업체에 애니메이션을 만들어주면 시장을 선점당할 수 있어 그런 것이다.

다카라로서는 한쪽 팔이 잘린 셈이었다. 해외에 막대한 지장을 초래한 다카라는 손해를 감수해야 했다. 애니메이션을 수출해야 캐릭터 상품의 수요가 창출되는데, 선라이즈와의 거래가 끊기면서 다카라는 로봇 완구를 해외에서 판매하지 못했다.

북미 시장을 둘러봐도 이런 연횡합종 관계는 끊임없이 이루어진다. 디즈니, 픽사, 마블코믹스를 보자. 한때 2D 애니메이션으로 명성을 날리던 디즈니는 급성장하는 3D 애니메이션 시장에서 픽사와 드림웍스에 밀렸다. 영화계에서 배급사로서 힘을 키운 디즈니는 2006년 3D 애니메이션 시장에서 이들과 맞불을 놓는 대신 아예 픽사를 인수해버렸다. 그 분야에서 가장 똘똘한 회사를 인수해 자신들의 약점을 보완했다. 2009년에는 〈스파이더맨〉, 〈헐크〉, 〈엑스맨〉 등 영상화가 용이한 만화 원작들을 다수 소유하고 있는 마블코믹스도 인수했다.

픽사나 마블코믹스는 업계에서 가장 콘텐츠를 잘 만드는 회사들이다. 디즈니는 이 회사들을 인수하면서 '불개입' 원칙을 분명하게 밝혔다. 이 회사들이 업계 최고라는 점을 인정해주고 디즈니가 점령군으로 간섭하지 않는다는 원칙을 세움으로써, 모회사와 자회사 간의 불필요한 갈등을 최소화시켰다. 다른 이점도 있었다. 디즈니의 주 고객층은 여성들이었다. M&A는 픽사와 마블코믹스가 가진 남성 고객들을 디즈니에 흡수하는 과정이기도 했다. 디즈니가 상당히 영리한 판단을 한 것이다.

고개를 드니까 사람들이 피하는 것이다

탑블레이드를 탄생시킬 당시 다카라 측 파트너였던 와다비키 전무는 나와 거의 20년 이상 알고 지낸 오래된 지기다. 잘나가는 회사에 다닐 때는 대우를 해주지만, 회사를 떠나면 언제 봤느냐는 듯 대하는 것이 세상의 인심이다. 2005년 다카라를 퇴사한 와다비키 역시 그런 상황이었다.

나는 나보다 여덟 살 위인 와다비키를 마음속으로도 친형님으로 대해왔고, 그가 어떤 상황에 처해 있든 의리를 지키고 싶었다. 나는 예전이나 지금이나 변함없이 처음 만날 때와 마찬가지로 그를 대한다. 나이가 있긴 하지만 영어가 능통한 그는 업계의 베테랑이다. 내가 회사를 차려주어 그는 현재 일본에서 소넥스라는 회사 대표를 맡으며 지금도 바쁘게 활동하고 있다.

요즘 '소통'과 관련한 책이 쏟아지고 이에 대한 사람들의 관심도 큰 듯하다. 아마도 현실에서 사람들 간에 소통이 잘 안 되고 있다는 뜻일 것이다. 주변 사람에게 내가 먼저 고개를 숙이는 것이 일종의 소통이라고 생각한다. 누군가 힘을 가지게 되면 주변 사람들과 소통이 안 된다. 이유는 간단하다. 고개를 드니까 사람들이 피하는 것이다.

나는 우리 회사의 젊은 사원들과 자주 어울리는 편이다. 나는 어디서든 어린애 같다는 이야기를 듣는다. 물론 어른이 어른다워야 하지만 너무 어른스러우면 상대방에게 부담을 준다. 직원들이 나를 편하게 생각하는 건 기분이 좋은 일이다. 그러기 위해서는 내가 먼저 문을 여는 사람이 되어야 한다. CEO는 고개를 숙이는 자세로 일에 임하지만, 중간 간부가 막을 치고 고개를 쳐드는 경우가 종종 있어 이유도 모르고 욕을 먹을 때도 많다.

항상 중간 간부들이 잘해야 한다. 그들이 사원들에게 숙이는 자세로 얼마나 일 처리를 잘하느냐에 따라 모든 사원들의 사기와 자세가 달라진다. '아무리 맛있는 음식이 있어도 사나운 개가 있다면 물릴까 봐 먹으러 안 간다.'라는 옛말이 있다. 직장에서 자기 밥그

롯을 뺏길까 봐 방어막을 치고 으르렁거린다면 좋은 인재는 회사에
안 들어온다는 말을 비유한 것이다.

언제나 일에서만큼은 나는 엄할 땐 엄하고, 분명히 선을 긋는 편
이다. 윽박지르는 CEO라면 사원들과 소통을 할 수 없다. 언제든
CEO에게 항의할 수 있는 분위기를 만들어주는 것이 중요하다. 나
는 난상토론을 좋아한다. 내 말에 언제나 순종하지 말고 이의를 제
기하고 좋은 것은 취하고 나쁜 것은 버리라고 말한다. 그렇게 된다
면 굳이 소통이네 불통이네 하면서 애를 쓸 필요도 없다. 다시 말하
지만 언제 어디서나 내가 먼저 숙이면 거리가 좁혀지고 소통도 잘
이루어진다.

제5장

실패해도 나는 간다

실패에서 얼마나 빨리 일어나 도전하는가가 관건이다

실망을 안겨준 〈용가리〉와
〈로보트 태권V〉의 진실

콘텐츠를 개발하면서 별별 일을 다 겪었다. 나라고 실패가 없을 리 없다. '유니크'_{한국적 독특함}하면서도 '유니버설'_{세계적 보편성}한 콘텐츠를 만드는 것이 내 목표였다. 하지만 이게 말처럼 그리 쉬운 일이 아니다. 가장 중요한 것은 글로벌화시킬 수 있는 한국적인 소재를 찾아내되, 전 세계 어디서나 손쉽고 익숙하게 받아들일 수 있게 보편적인 상품을 만들어야 한다는 것이다. 우리 회사에서 만든 그 대표적인 상품이 팽이와 연지 인형이다.

하지만 일이란 항상 예상대로 진행되는 것만은 아니다. 콘텐츠 개발하는 분들이 참고했으면 하는 바람에서 애니메이션 〈영혼기병 라젠카〉, 인형 〈연지〉, 영화 〈용가리〉와 관련한 내 경험담을 들려주려고 한다.

새로운 콘셉트의 로봇, 영혼기병 라젠카

1997년 MBC TV에서 방영된 〈영혼기병 라젠카〉는 변신 로봇 열풍이 불어 닥친 시점에서 선보인 작품이다. 손오공이 로봇 완구는 100퍼센트 투자하고 애니메이션은 투니버스와 반반씩 투자했다. 가수 신해철이 애니메이션 주제가를 불렀고 애니메이션 제작비만 10억 원 이상 든 대형 프로젝트였다.

1995년 일본에선 안노 히데아키 감독의 애니메이션 〈신세기 에반게리온〉이 TV도쿄에서 대성공을 거두며 다시 한 번 거대 로봇 붐을 일으켰다. 한국에서는 〈로보트 태권V〉를 빼놓으면 이렇다 할 로봇물도 없거니와 한국적이라 할 만한 로봇도 없었다. 그런 배경에서 탄생한 거대 로봇 애니메이션이 〈영혼기병 라젠카〉였다.

우리는 새로운 콘셉트의 로봇을 만들자는 열망으로 뭉쳤다. 라젠카의 디자인을 보면 알겠지만, 로봇의 갑옷이 고구려 시대 장군의 갑옷 같은 디자인이다. 일본 로봇을 보면 사무라이 스타일이다. 반면 라젠카의 라인은 한국적이며 마치 비단옷을 입은 것 같다. 그 전까지 국내에서 거대 로봇 애니메이션을 이렇게 웅장하게 만든 적이 없었다. 〈영혼기병 라젠카〉는 국내 거대 로봇물의 한 획을 그은 작품이 됐다.

그러나 사업적으로는 실패작이 됐다. 여기서도 시나리오 작가와의 의견 충돌로 머리가 아팠다. 나는 초등학생들을 대상으로 한 애니메이션을 만들자고 제안했지만 작가들은 오히려 연령대를 높여

한국적인 스타일로 탄생된 거대 로봇 애니메이션 〈영혼기병 라젠카〉

야 한다고 주장했다. 일본에선 〈신세기 에반게리온〉이 어른 시청자들을 잡는 데 성공했으니 우리도 최소한 청소년층을 겨냥해야 한다는 것이었다.

나는 〈신세기 에반게리온〉이 롤모델이 되면 안 된다고 생각했다. 〈신세기 에반게리온〉은 1990년대 한국의 안방극장에서 방영할 수 없을 만큼 폭력적인 연출이 많았다. 게다가 일본 문화에 대한 심의도 까다로웠던 시절이었다.

그런데 연령대를 올려서 만들었으니 타깃이 어정쩡하다는 소리가 나오는 것은 당연했다. 손오공은 〈영혼기병 라젠카〉를 변신 합체 로봇 완구로 출시했다. 로봇 완구 하나를 개발하는 일은 여간 까다롭지 않다. 로봇 안에 수백 개의 부품이 들어가고 금형까지 만드는 데 2년의 시간이 소요된다. 금형 제작비만 10억 원이 들었다. 결국 이 프로젝트는 투자한 만큼 회수되지 않았다. 애니메이션 타깃을 제대로 잡았으면 사업적으로 성공할 수 있는 프로젝트였는데 아쉬움이 크다.

한국 인형의 대명사, 연지 인형

인형 '연지'는 한국적 인형의 대명사로 지금도 인기를 누리고 있는 제품이다. 1997년 전후로도 국내에서 외국 인형을 선호하는 경향이 강했는데 연지가 그 흐름을 바꾸어놓았다. 나는 글로벌 시대가 열리면 우리의 문화적 전통을 보여주는 한복 인형이 인기를 얻을 것이라고 생각했다.

연지는 한국을 대표하는 명품 인형으로서 손색이 없다. 그동안 우리나라에서 만든 인형들은 대부분 조악했다. 한복을 입힌 인형들은 더욱 그러했다. 예를 들면 기존의 인형은 철사가 심으로 들어간 스티로폼에 옷을 입혀서 만들었다. 한복 천을 풀로 붙여 만든 것이었다. 반면 연지는 플라스틱으로 몸을 만들고 그 위에 옷을 입혔다. 옷은 수작업으로 완성했다. 제작비가 좀 들더라도 싸구려 티가 나는 부분은 철저하게 배제했다.

한국 전통 문화 상품의 자존심, 연지 인형

이런 명품 전략은 성공했다고 볼 수 있다. 연지 브랜드 인형이 서른 가지 이상 확대되어 지금까지도 팔리고 있으니 말이다. 다른 인형들이 1만 원 할 때, 연지는 3만 5,000원을 받았다. 소비자들은 그 가치를 알아봤다. 그러나 한때 어려움을 겪기도 했다. 연지가 히트하자, 국내 모 업체가 연지를 카피한 한복 인형을 저가로 시장에 뿌렸다. 그로 인해 타격을 받을 수밖에 없었다.

그런데도 나는 돈벌이 수단보다는 잘 만든 한국의 문화 상품을 전 세계에 보여주고 싶었다. 아무리 돈벌이 수단이라 하더라도 우리 전통 문화 상품에 대한 자존심을 지키고 싶었다. 한 분야에서 지속적으로 일을 해나갈 계획이라면, 수익이 덜 남더라도 기업가 정신으로 소신을 지켜나가야 한다. 소비자들은 시간이 가면서 그 가치를 더욱 알아보게 마련이니까. 그런 연지이기에 나는 강한 자부심을 느낀다.

〈용가리〉 최초 투자사는 손오공

1999년 상영된 영화 〈용가리〉를 제작한 영구아트 심형래 대표와 관련한 에피소드가 있다. 〈용가리〉는 손오공에서 최초로 투자한 작품이라고 해도 과언이 아니다. 1996년 겨울 손오공이 이 작품의 제작을 위해 영구아트에 4억 원을 투자했기 때문이다. 나는 이 작품에 투자하면서 〈용가리〉 TV방송권과 파생 콘텐츠 권한을 확보했다.

심 대표를 내게 소개해준 사람은 지금은 고인이 된 코미디언 김형곤 씨다. 그는 평소 나를 "형님, 형님" 하면서 목욕도 같이하고 회사 행사가 있을 때마다 외줄 정도로 절친한 사이였다. 어느 날 목욕을 함께하던 김형곤 씨가 "심형래가 뭐 한다고 하는데요, 같이 한 번 만나 보시죠?"라고 해서 심 대표를 만나게 됐다.

강남에 있는 르네상스 호텔에서 김형곤 씨가 심 대표와 함께 기다리고 있었다. 심 대표는 '용가리'라는 아이디어가 있는데, 완구를 만들면 잘 나갈 거라며 열심히 투자 설명을 했다. 이어 호텔 뒤쪽 근처에 자리 잡은 10여 평 남짓한 지하의 조그만 사무실로 나를 안내했다. 그곳이 심 대표가 운영하는 영구아트 무비였다. 아주 조그만 회사였지만 지하에서 열심히 모형을 조각하고 있는 직원들의 모습에서 과거의 나를 보는 듯해 마음이 흔들렸다. 지하에는 조각할 때 원료를 섞는 기름 냄새가 진동했다. 심 대표의 화려한 이미지에 비해 사무실은 조촐해 보였다.

어려운 시절에 나도 모형 조각을 직접 했고, 1960년대의 만화책에서 용가리를 본 적이 있었다. '용가리 통뼈'란 말도 한때 대단한 유행어로 퍼져 있었다. 그래서 더욱 친근감이 들기도 하고 심 대표 아이디어가 좋다고 생각됐다. 심 대표는 3억~4억 원 정도가 필요하다며 부탁을 했다. 나는 영구아트에 4억 원을 투자했다. 〈용가리〉 데모 필름을 만들어 투자 홍보에 박차를 가해 극장판으로 제작했다. 1999년 〈용가리〉가 드디어 극장에 걸린다는 광고가 나왔다. 해외에서 수출 계약에 앞서 MOU 사인도 했다는 기사가 매스컴에 자주 언급되었다.

실수는 한 번으로 충분하다

이런 분위기를 틈타 나 또한 용가리 완구에 대한 권리를 가지고 무언가를 해보려고 잔뜩 기대하고 있었다. 그러던 어느 날, 완구와 유사한 제품권리들이 여기저기 애매하게 얽혀 있다는 것을 알게 되었다. 〈용가리〉는 당시 보기 드문 SF영화로 관객 동원에도 성공했고, 심 대표는 감독으로서 김대중 정부의 핵심 사업이었던 신지식인의 대표주자로 떠올랐다.

손오공은 〈용가리〉의 머천 사업에서 완구사업권을 보장받았다. 그런데 권한을 행사하려고 하니 머천다이징 권한들이 법인으로 넘어가 있었다. 담당도 바뀌고, 투자를 받았다는 소문도 있어 개인사업자에서 법인으로 전환했나 보다 싶었다. 혹시 내가 비슷한 완구 제품에 대해서도 이의를 제기한다면 일이 복잡해질 수 있겠다 싶어 조용히 지켜보기로 했다. 한편으론 이미 정부에서 홍보할 정도로 일이 크게 진행되어 막을 수 있는 상황도 아니었다.

2010년 한 언론의 기사를 보면, 〈용가리〉는 당시 100만 명이 넘는 관객을 동원했다고 한다. 그러나 심형래 감독은 이듬해 투자자의 고소로 월급이 가압류당하는 악전고투를 치렀다.

〈용가리〉를 제작할 땐 심 대표와 연락도 자주 하고 양평동구 쌍방울 속옷공장에서 촬영할 때도 자주 만났는데, 용가리 영화가 잘된 다음부터는 전화번호도 바뀌어 만날 수가 없었다. 〈용가리〉 제작 초기엔 심 대표가 우리 집에 와서 차도 마시곤 했지만, 한창 신지식인으로 홍보를 하면서부턴 만나기 어려운 상황이 됐다.

여러 정황 등을 알아보기 위해서 사무실에 전화를 하면 "데모 테이프를 가지고 수출과 제작을 위해 외국에 나갔다."라는 답변만 되돌아왔다. 나는 4억 원을 투자하면서 〈영구와 땡칠이〉 〈티라노의 발톱〉 정도의 작품을 만들 것으로 생각했는데, 〈용가리〉의 제작 규모는 그 수준을 넘어섰다.

얼굴 보기가 어려웠던 심 대표한테서 어느 날 전화가 왔다. 그는

〈용가리〉 TV 방송권을 자신에게 넘겨달라고 말했다. 이유를 물으니 KBS에 아는 사람이 있는데 판권을 달라고 사정을 한다는 것이다. 나는 두말하지 않고 TV 방송권을 넘겨주었다. 당시만 해도 워낙 사회적으로 관심이 많아 연일 매스컴에 오르내리던 상황이라 각 방송국에서 방송권 경쟁도 치열했다.

나는 많은 사람들이 〈용가리〉에 대해 기대를 하고 있는데, 나 때문에 방해를 받으면 안 될 것 같아 문제가 되지 않도록 양보한 것이었다. 그리고 비디오 권한은 손오공이 가지고 있어 극장 상영이 끝난 뒤에 비디오 출시를 했지만 생각만큼 팔리지 않았다.

〈용가리〉가 세인들의 관심사에서 점점 멀어갈 즈음에 심 대표는 영화 〈이무기〉를 제작한다고 했다. 〈이무기〉라는 이름이 후에 〈디워〉로 바뀐 것이다. 〈디 워〉 제작 때도 투자를 요청해왔다. 내 투자는 〈용가리〉로 충분했다.

파워풀한 모습으로 다시 태어날 로보트 태권V

1960년대와 1970년대에 태어난 사람들 가운데 〈로보트 태권V〉 애니메이션을 보지 않은 사람은 드물 것이다. 정말 추억의 애니메이션이다. 〈홍길동〉 애니메이션 다음으로 관심도 컸고 인기도 많은 〈로보트 태권V〉를 이대로 창고에 둘 것이 아니라, 어릴 적 추억에서 현실로 끌어내리라 마음먹었다. 그래서 나는 김청기 감독과

국회의사당 돔을 뚫고 나오는 로보트 태권V

계약을 맺고 로보트 태권V에 관한 모든 권한을 확보했다.

로보트 태권V를 TV 애니메이션 시리즈로 제작하기 위해 준비를 하는 과정에서 막상 머천다이징 권한을 행사하려고 하니, 이미 권리가 여러 거래처와 애매모호하고 복잡하게 얽혀 있었다. 내가 권한을 행사할 수는 있었지만 판매 거래처들이 겹치면 피해를 입는 업체가 생겨나게 된다. 결국은 권리 행사를 할 수 없겠다는 판단을 내리고 몇 년간 손도 못 쓰고 있다가, 서로의 동의하에 포기하고 김청기 감독에게 돌려주었다.

2010년 봄에 고인이 된 KBS 만화영화 책임자였던 민영문 PD는 우리나라 만화영화사에 한 획을 그었던 사람이다. 로보트 태권V는 지금 당장 무엇을 하지 않더라도, 그냥 놔두기만 해도 위상이 무한히 올라갈 것이라는 조언을 해주었다. 지금은 그의 예견대로, 신씨네 영화사에서 그 가치를 알아보고 영화 제작 준비 중이다. 신철 신씨네 대표의 말에 따르면, 이제는 모든 판권이 잘 정리되어 안정적으로 제작할 수 있다고 한다.

간혹 사업을 하다 보면, 상대방 사정을 들어주다 내게 해가 되는 일이 벌어져 다른 사업까지도 어려운 상황에 빠지기도 한다. 냉정히 생각해보면 사업은 정으로만 할 수 없다는 것을 로보트 태권V를 통해 또다시 깨닫게 되었다.

2011년 1월 11일 오후 7시 여의도 국회의사당, 로보트 태권V가 국회의사당 돔을 뚫고 나오는 연출은 장관이었다. 그날 따라 함박눈이 축하해주듯이 펑펑 쏟아졌지만 국회의원 VIP와 축하객들의 박수 속에서 행사는 성황리에 치러졌다. 앞으로도 로보트 태권V는 파워풀한 모습으로 거듭날 것이다. 현재 손오공이 로보트 태권V 완구 개발과 머천다이징 대행을 하고 있다.

끝까지 믿어서 손해 본 콘텐츠들

나는 사람을 믿고 끝까지 가는 스타일이다. 측근에게 배신을 당하는 아픔도 겪었지만 그래도 사람이 사람을 믿는 수밖에 없다고 생각한다. 사람은 사회적 동물이 아니던가? 손오공이 왜 게임 스타크래프트 2를 유통하게 됐는지 궁금해하는 분들이 많다. 업계에서 큰 뉴스라면 뉴스였다. 내 스타일과 연관된 사건이어서 소개하고자 한다.

2003년 4월, 당시 20대 후반의 정기철 실장이 스타크래프트를 만든 미국 블리자드에서 워크래프트 3를 거래할 의향이 있느냐고 타진해왔다는 소식을 들고 왔다. 이 정보는 우리 회사 이정훈 팀장이 알고 지내는 염 사장이라는 사람이 정 실장에게 제안을 해서 나한테 전해진 것이다.

장원봉 부사장은 이런 급작스럽고 큰 금액이 오가는 거래는 손이 떨려 사인을 못한다면서 반대했을 뿐 아니라 아예 관심을 두지 않았다. 나는 실수하지 않기 위해 정 실장에게 철저히 시장조사를 해오라며 며칠 말미를 주었다.

블리자드가 제공한 재고 현황과 용산에서 알아온 시장 정보를 종합한 결과 승산이 있다는 보고가 올라왔고, 그래서 관심을 갖게 됐다. 나는 정 실장과 이 팀장에게 자신이 있느냐고 몇 번이나 물어보았다. 이들은 성공할 수 있다는 자신감을 보였고 나는 그것을 믿고 추진하기로 했다. 그러나 나중에 알고 보니 이 팀장이 블리자드에서 알아온 정보와 자료는 정확한 게 아니었다.

스타크래프트 2를 욕심내다 현실을 잊다

한편 블리자드는 기존 유통사인 한빛소프트와 이미 마찰을 겪고 있어 새로운 거래처를 찾고 있었다. 또 다른 업체와도 워크래프트 3를 사인하기 직전까지 갔다 한다. 그러나 블리자드의 모회사인 프랑스 비벤디의 책임자인 위베르 아시아 퍼시픽 사장이 계약 체결을 위해 한국에 왔다가, 한국 파트너와 의견 충돌을 일으키는 바람에 워크래프트 3의 한국 판권이 허공에 떠버린 것이다.

나는 블리자드 코리아 대표에게 상황을 물었다. 또한 한빛소프트에서 유통하던 게임을 우리가 거래한다는 것이 도리가 아닌 것 같다는 말도 전했다. 그에 대해 블리자드 코리아 대표는 비벤디가 기존 거래처와는 거래할 수 없게 됐고, 앞으로도 다시는 손을 잡는 일이 없을 거라고 나를 설득했다. 후에 들리는 소문에 따르면, 그는 곧 책임을 지고 자리에서 물러나야 하는 처지였다고 한다. 그 당시에는 정보가 없어 나만 몰랐던 것이다.

어느 정도 실무진들하고 계약이 진척될 즈음, 계약서 속에 염승민이라는 사람과 삼자계약을 해야 한다는 조항이 들어 있었다. 나는 그렇게 할 수는 없다고 완강하게 밀어냈다. 직접적인 계약이 아니면 하지 말라고 실무진에게 강하게 전달하고, 무슨 사정이 있는지 몰라도 삼자계약은 절대 있을 수 없는 일이라며 서류를 돌려보냈다. 이틀 후 이정훈 팀장을 통해 블리자드 코리아 대표가 나와 만났으면 한다는 연락을 받았다.

손오공 사무실에서 3분 거리인 우리 집으로 그가 방문했다. 나는 본격적인 얘기에 들어가기 전에 서로 거래를 안 하더라도 웃고 헤어지는 사람이 되자며 가볍게 인사를 나누었다. 프랑스어와 영어에 능통하고 덩치가 듬직한 것이 믿음직했다. 며칠 후 회사로 다시 연락이 왔다. 손오공 사무실로 방문하겠다는 것이었다.

블리자드 측은 염승민을 빼고 계약하자는 제안을 해왔다. 아마도 블리자드는 손오공이 완구를 하고 있으니, 게임에서 적자가 나더라도 여러모로 조건이 좋아 버틸 수 있는 회사라고 판단한 것 같다. 그 당시에는 PC게임에 이어 온라인 게임이 한창 성장을 하는 추세였고, PC게임은 약간 하향세였다.

하지만 블리자드의 게임인 디아블로와 스타크래프트는 한국에서 '국민 게임'으로 불릴 정도로 인기가 높았다. 다른 회사는 이 프로젝트에 큰 돈을 투자하기가 부담스러웠을 것이다. 그리고 이 프로젝트가 실패하면 회사가 문을 닫을 수도 있을 테지만, 손오공의 경우 오프라인과 게임을 연계할 수 있다는 점에 매력을 느꼈던 것 같다.

나는 "다른 회사가 손댔던 게임 시리즈를 굳이 우리가 맡을 필요가 있겠나?"라며 처음엔 망설이기도 하고 거절도 했다. 게다가 워크래프트 3를 인수할 경우 금전적 부담이 너무 컸다. 그러면서도 한편으론 손오공이 IT나 게임 쪽으로 나아가야 한다고 생각하던 시기였다. 블리자드는 워크래프트 3를 인수하면 1년 후에 나올 스타크래프트 2를 손오공과 12월쯤에 계약하고, 다음해에 6월경에 출시하게 하겠다고 했다. 이것은 실무진들과 함께 있던 자리에서 들은 말이라 의심할 여지가 없었다.

한마디로 워크래프트 3보단 스타크래프트 2가 우리의 진짜 목적이었다. 수지타산을 계산해봤다. 젊은 참모들은 워크래프트 3 패키지를 3개월 안에 70만 장 팔 수 있다고 주장했다. 120만 장에서 70만 장만 팔면 본전은 된다는 계산이 나왔다. 워크래프트 3를 팔면서 스타크래프트 2가 나오면 투자금을 뽑고, 게임업계에 쉽게 진입할 수 있겠다는 생각도 들었다.

그것도 그렇지만 한국인으로 믿음이 간 블리자드 코리아 대표에 대한 투자라고 생각했다. 한창 세계화에 글로벌 시대로 가는 분위기여서 불어와 영어에 능통한 그가 도움이 되리라 믿었고, 게임 정책에도 도움을 받을 수 있을 것이라고 생각한 것이다.

언제나 과욕이 화를 부른다

　나는 게임을 잘 아는 젊은 실무진으로 팀을 구성해 프로젝트를 진행시켰다. 블리자드 최고경영자를 만날 수 있다는 그의 말과 여러 정황을 비춰볼 때 거래에 믿음이 갔던 것이다. 내가 결정적으로 거래에 빨려 들어가게 된 계기는 그것이었다.

　나는 그해 5월 중순, 블리자드 경영진의 초청을 받고 LA로 향했다. E3 게임전시장 미팅룸에서 비벤디 회장인 브루스 핵, 아시아 퍼시픽 사장 위베르, 블리자드 부사장 폴 샘즈, 블리자드 대표 마이크 모하임과 같이 인사를 했다. 주위에서도 정말 그들을 만나려고 하는 사람들은 많은데, 만나기 힘든 사람들이라고 해서 더욱 믿음이 갔다.

　이런 분위기라면 스타크래프트 2는 출시만 되면 떼어놓은 당상처럼 보였다. 나는 오프라인 시장에서 이 정도면 더 이상 의심할 나위 없다는 믿음을 갖게 되었다. 그들 역시 한국 완구인들의 순수한 마음이나 정서와 같을 것이라고 생각했기 때문이다.

　그 당시 스타크래프트 시리즈의 신작을 누가 가져가느냐에 초미의 관심이 쏠린 상태였다. 지금 생각하면 만들 준비도 하지 않았던 스타크래프트 2를 미끼로 나를 현혹한 것에 화가 난다. 하지만 이미 저질러진 사업이 화를 낸다고 해결되는 것은 아니다. 나는 '지혜

로운 자는 바로잡으려 하지만 덕망이 있는 자는 기다린다.'는 말을
깊이 새기며 참아야 했다. 마이크 모하임 대표는 스타크래프트 2를
준다 안 준다는 확답을 피했다. 그 권리는 비벤디가 관리한다는 것
이었다. 비벤디가 블리자드의 지분을 100퍼센트 가지고 있어 의견
을 못 주나 보다고 추측할 따름이었다.

그러나 분위기상으로는 준다는 것으로 생각할 만했다. 통역은 블
리자드 코리아 대표가 해주었다. 나는 스타크래프트 2에 대한 암시
계약을 받고, 비벤디와 워크래프트 3에 이어 다른 게임들도 계약을
체결했다. 우리는 워크래프트 3에 250억 원을 투자했고 실제로는
300억 원가량 들어갔다. 결과는 좋지 않았다. 참모들이 3개월 안에
워크래프트 3 패키지 70만 장은 팔 수 있다고 장담했지만, 예상했던
숫자만큼 판매되지 않았다. 블리자드에도 실망했다. 한빛소프트의
워크래프트 오리지널 재고도 허수를 알려줘 결정적으로 판단 착오
를 하게 된 것이다.

미국에서의 첫 만남 이후 1년 만에 한국에서 마이크 모하임과
다시 만났다. 그가 "요즘 한국의 PC방에서 인기 있는 게임이 뭐
냐?"고 묻기에, 나는 "넥슨의 카트라이더가 PC방에서 1위로 올라
가고 있다. 하지만 스타크래프트가 2가 나오면 바로 1위로 자리매
김할 것"이라고 답했다. 그랬더니 그는 미소만 짓고 곧바로 화제를
돌렸다. 강남의 삼원가든에서 점심도 하고 기념사진도 찍었다. 그
때까지만 해도 나는 블리자드가 스타크래프트 2를 만들고 있는 줄
알았다.

그러나 그다음 해로 예정된 게임 출시는 몇 년이나 지연되었을 뿐만 아니라, 방식도 패키지가 아닌 온라인다운 방식으로 발매됐다. 스타크래프트 1이 한창 인기가 있을 때 확장 개념으로 만들어서 출시했다면 아마도 굉장한 파괴력이 있었을 것이다. 하지만 지금은 많은 게임이 줄을 서서 기다리는 시대로 변했고 시장도 그때와는 크게 달라졌다.

PC방을 있게 한 스타크래프트 1은 인기가 좋아 한국에서는 최고의 국민 게임이 되었다. 스타크래프트 2가 그래픽도 화려하고 기술적으로도 많이 발전한 것은 사실이었다. 스타크래프트 1보다 계획적으로 홍보 마케팅 비용을 약 100억 원 이상이나 쏟아 부었지만, 유저들을 생각만큼 끌어 모으진 못했다. 우리는 블리자드에 사전 시장조사에서 의외로 스타크래프트 2에 대한 유저들의 유입이 천천히 올라가는 그래프 형태로 나오니, 온라인다운 방식이 아닌 다른 방법을 선택해야 한다는 뜻을 몇 번이나 전달했다.

하지만 우리 말은 철저하게 무시됐다. 블리자드가 직접 시장조사한 결과 호응도가 좋으니 믿고 따라오라는 결론이었다. 또한 블리자드가 방송 저작권 권리 행사를 주장하면서 소송을 벌여 판매에 위축을 가져온 영향도 있다. 먼저 패키지로 판매하고 확장팩을 만들어 차후에 온라인 다운로드로 판로를 찾았다면 더 좋았을 걸 하는 아쉬움이 있다. 급하게 먹으려고 하면 체하듯 언제나 과욕은 화를 부르는 것이다.

일각에선 손오공이 스타크래프트 2 유통 권리를 따내지 못하는

것이 아니냐는 우려 어린 시선도 보냈다. 계약서를 쓰고 시작한 것
은 아니었기 때문이다. 블리자드 직원이, CJ인터넷과 딜을 해서 스
타크래프트 2가 다른 곳으로 넘어갈 수도 있다는 정보를 보내오기
도 했다. 또 여기저기 터져나오는 추측성 기사들은 CJ인터넷 대표
가 싱가포르에서 협의차 갔다 왔다는 등 시중에 떠도는 루머를 반
영하고 있었다. 게임 판매를 하기 위해 당연하게 기다리는 손오공
직원들은 나를 볼 때마다 걱정된다고 했지만, 나는 뭐라 말을 할 수
가 없었다. 나는 자책감에 '내가 정말 경영자로서 적합한 사람인
가?'라는 한탄까지 했다.

피도 눈물도 없는 기업의 생리

블리자드와 손잡은 것은 잘못된 결정이었다. 지금 와서야 후회
한들 무엇 하겠냐만, 당시 거래를 하지 않았더라면 손오공이 이렇
게 금전적인 어려움을 겪지 않았을 것이다. 블리자드가 하는 일들
이 잘되길 기대하면서 이제나 저제나 제품이 나올 때까지 항의 한
번 하지 않았다.

한편으론 내가 블리자드 같은 게임 개발사를 가졌으면 하는 욕
심이 생기기 시작했다. 하지만 그렇게 하기에는 역량이 정말 너무
부족했다. 누구든 강력한 콘텐츠를 갖고 있지 않는 한 이렇게 휘둘
릴 수밖에 없다는 생각이 깊이 들었다. 그런 회의에 빠져 있던 차

에, 2003년 한 무리의 젊은이들이 찾아왔다. 게임 개발은 손오공의 본사 건물이 아닌 좋은 인력을 확보할 수 있는 강남에서 해야 한다면서 정말 성공하는 게임을 만들 테니 믿어달라고 애원했다. 나는 투자를 받지 못해 힘겨웠던 시절을 떠올리며 젊은이들을 믿고 밀어주었다. 온라인 종주국이라서 투자만 해주면 분명 좋은 작품을 개발해낼 수 있을 것이라 생각했다. 하지만 내가 생각했던 만큼의 결과물이 나오질 않았다. 내가 잘 모르는 분야라 투자를 하고도 누가 역량이 부족하고 무엇이 문제인지 알 수 없었다.

액티비전과 합병한 블리자드는 전형적인 다국적 기업이다. 한국 기업과 정서가 전혀 다르다. 거래는 냉정하면서도 자신들이 먼저 제안한 약속은 자신들의 사정에 따라 어긴다. 언제나 우월하다는 자부심과 기술력을 가지고 갑으로 행동하기 때문이다. 새로 취임한 길마틴 사장도 자기가 먼저 정기적으로 매주 만나서 의논하자고 해, 나는 "언제나 OK!"라고 답했다. 나는 처음 만난 자리였지만, "약속은 내가 아니라 블리자드가 어길 것이다."라고 단언했다.

블리자드는 이런저런 핑계로 약속을 번번이 지키지 않았고, 우리는 그런 약속을 지키기 위해 기다린 적이 한두 번이 아니었기 때문이다. 블리자드로부터 상품을 팔기 위해서라면 피도 눈물도 없다는 것을 배웠다. 그리고 지독하게 관리하는 방법도 배웠다. 블리자드는 직원이나 협력업체가 딴생각을 하지 못하게 계속 일을 던진다. 이런 분위기에선 창의력을 기대하기 힘들다.

또한 한국 측에서 창의적인 의견을 줘도 받아들이지 않는다. 왜 안 되냐고 물으면 "그냥 알았다." 하는 식이다. 상대방을 심리적으로 컨트롤하는 그들의 마케팅 방식을 알게 됐다. '그냥 하라는 대로만 해!'라고 압박하는 것이다. 시키는 대로 해야 하니 창의성은 없다. 반면 좋은 정보는 싹 뽑아간다.

터무니없는 믿음이 손실을 가져오다

나는 블리자드 본사와 블리자드 코리아 대표를 믿었다. 스타크래프트 2 PC방 권리가 손오공에게 왔으니 블리자드는 약속을 지킨 셈이라 하겠지만, 손오공 입장에선 아쉬운 점이 많다. 워크래프트 3으로부터 스타크래프트 2로 이어지는 과정이 뜻대로 이루어지지 않았기 때문이다.

너무 믿어서 손해 본 경우라고 할 수 있다. 참모들의 잘못된 예측 탓도 있지만, 결과적으로는 한 번 믿으면 끝까지 믿는 내 스타일 때문에 빚어진 일이었다. 계약하기 직전 상황으로 돌아갈 수만 있다면 나는 뒤도 돌아보지도 않고 "안 한다."는 결정을 내릴 것이다.

나는 남의 제품이라도 한 번 맡으면 끝까지 책임지는 습관이 몸에 배어 있다. 그렇기에 스타크래프트 2에 어마어마한 시간과 에너지를 할애한 것이다. 그 모든 시간, 비용을 다른 콘텐츠 사업에 쏟았더라면 하는 아쉬움이 남는다.

본사에서 새로 발령받은 길마틴 사장은 앞으로 열심히 하자며 우호적인 태도로 우리의 맘을 놓게 했다. 스타크래프트 2와 워크래프트 온라인 게임 확장팩 영업에 지장이 없도록 하기 위해서였다.

나는 이 사업을 위해 별도의 영업 조직을 꾸렸다. 추운 겨울에도 밤늦도록 전국 18,000곳의 PC방을 돌며 관리를 해야 하는 영업이라 고생이 많을 수밖에 없었다. 일주일마다 정기적으로 회의를 하자던 길마틴 사장은 얼굴을 보여주지 않았다. 그는 그 작업이 끝나자 우리에게 사람을 줄이고 전화를 받는 직원만 남겨두면 된다고 일방적으로 통보해왔다.

결국 돌아오는 것은 구조조정뿐이었다. 그는 열심히 일한 만큼 좋은 일이 있을 거라 암시를 주었고, 모든 임직원들은 그렇게 믿고 있던 터였다. 한국의 정서와 우리의 입장은 고려하지 않는 야박한 블리자드에 서운함이 많다. 모든 것은 내가 믿고 결정해 저질러놓은 일이다. 그동안 많은 연구와 직원들의 교육에 공들인 것들이 허사가 됐지만, 이제 와서 실컷 부려먹고 갑자기 내치는 상황이 되었다. 결국 아무도 알아주지 않고 빚만 또 떠안게 되었다.

그렇게 수년간 애를 먹이며 기다리게 한 스타크래프트 2는 결국 출시됐지만, 힘이 되어주리라 믿었던 블리자드 코리아 대표는 그 어디에도 없었다.

잘못된 판단일 땐
빨리 결단하라

사업하는 사람들은 언제나 불경기라는 말을 입에 달고 다닌다. 역설적으로 말하자면, 어쩌면 우리가 태어날 때부터 불경기였을지도 모른다. 사회에 들어온 순간부터 경쟁해야 하고, 아무것도 없는 상황에서 뭔가를 만들어가야 한다. 그리고 국가가 불경기일지라도 모두에게 불경기는 아니다. 개인적으론 불경기를 호경기로 바꿔놓을 필요가 있다. 무엇이든지 노력하면 안 되는 일은 없다. 안 해서 못하는 것뿐이다. 언제나 머릿속에서 뭔가 만들며 긍정적 사고를 하고, 경쟁력 있는 상품을 내놓으면 형세를 자신에게 유리하게 만들 수 있다.

그러나 항상 옳은 판단만 내리기는 힘들다. 나는 분명히 잘될 것이라 생각하고 시작했는데 결과는 정반대인 경우도 허다하다. 물론 그럴 때면 깊은 상처도 받고 절망이라는 단어가 생각나기도 하지만, 그마저 자신이 다 떠안을 수 있어야 더 큰 것을 얻을 수 있다. 문제는 그러한 상황이 온다면 '내 판단이 틀렸다.'라는 것을 가장 적절한 시점을 깨닫고, 그 갈림길에서 어떤 선택을 하는가이다.

1980년대 후반만 해도 문래동 공장 임대료가 전국에서 가장 비쌌다. 거래처 사람들이 나더러 "왜 임대료가 가장 비싼 문래동에서 사업을 하느냐?"라고 종종 물었다. 나는 "비싸도 사업이 잘되는 자리라면 싼 것이고, 싸다고 해도 일하는 조건이 안 좋아 부도가 나는 자리라면 가장 비싼 것"이라고 답했다. 작은 공장일수록 언제나 인력 수급이 원활하고 주위 환경이 좋아야 잘 돌아갈 수 있다는 것이 내 지론이다.

그리고 아무리 좋은 상품이라고 생각하고 개발을 시도해도 번번이 잘못된 판단일 수도 있다. 오판이라는 생각이 들면 재빨리 중단하는 것도 용기다. 미련을 가지면 수렁에 빠져 헤어나지 못해 피해 규모가 더 커진다. 결단의 순간을 위해 CEO라는 자리가 필요한 것이리라.

유저와 맞지 않을 때는 접는 것이 상책이다

나한테도 그런 일이 간혹 찾아왔다. 앞에서 이야기했던 〈영혼기병 라젠카〉라는 TV 애니메이션 프로젝트를 진행했을 때의 일이다. 로봇 완구를 만드는 금형 비용만 10억 원이 들었다. 그러나 이런저런 문제로 시청률이 생각만큼 좋지 않았다. 금형이 아까워서라도 계속 진행하는 것이 사람의 마음이다. 하지만 그 결과는 안 봐도 뻔하다. 결국 제품만 재고로 남아 회사에 큰 부담을 안길 것이다.

〈영혼기병 라젠카〉의 경우 이미 금형은 만들었지만, 한두 가지 완구만 만들고 시리즈를 중단했다. 되돌아보면 그때 제대로 결단했다는 생각이 든다. 과정이 잘못됐다는 생각이 들면 끊어낼 줄 아는 결단력이 있었기에, 30년 동안 완구에서는 한 번도 큰 실패를 겪지 않았다.

그런데 게임에선 수백억 원의 수업료를 냈다. 온라인 게임을 다 만들어놓고도 흥행이 안 될 것 같다고 생각하면 미련 없이 접어야 한다. 개발에 참여한 팀들은 어떻든 끌고 가려다 보면 마음이 약해지는 경우도 많다. 성공할 때까지 잠을 안 자고 만들겠다는 개발자도 만난다. 하지만 모든 것이 유저와 맞지 않은 게임이라는 판단이 들 때는 접는 것이 상책이다. 유저를 위한 게임을 만들어야지 개발자를 위한 게임을 만들어서는 안 된다. 결단이 느릴수록 깊은 수렁으로 빠져든다.

나는 사업을 할 때 돈을 빌려서 추진한 적이 없다. 나를 믿고 빌려줄 사람이 없을 것이라고 생각하고 아예 시도조차 하지 않았다. 주위에 기댈 사람 하나 없이 힘들게 일하면서 느낀 것이 있다. 학연과 지연, 이건 대단한 힘이다. 생각해보라! 그 속에서 살아남기 위해 얼마나 힘이 들었겠는가.

그래서 나는 사람들을 만나면 반드시 학교는 다녀야 한다고 말한다. 교류를 많이 하고 정보를 얻으려면, 친구나 지인이 많아야 모든 것에서 유리하다고 말해주고 싶다. 이런 일을 겪어본 사람은 내 말에 공감할 것이다. 아무리 좋은 아이디어가 있다 해도 투자를 받는다는 것이 얼마나 어려운지 경험한 사람은 금세 이해할 것이다.

앞에서도 얘기했지만 개인적으로 이런 안타까움이 있어 젊고 유망한 개발자들한테 투자도 해보았지만 다 부질없는 일이 되고 말았다. 그로 인해 나에게 돌아온 것은 어려움뿐이었다. 지금도 그때의 상처가 아물지 않았다.

결단할 땐 고도의 집중력이 필요하다

내가 설립한 게임회사 초이락 게임즈는 '개발자가 거쳐 가는 학원'이라는 말이 나도는 것을 듣고, 밤잠을 설칠 때가 정말 한두 번이 아니었다. 나는 내 마음과 같을 것으로 생각하며 순수한 의도로 투자한 것인데 왜곡된 결과로 나타났다. 애니메이션과 완구는 성공했는데 게임 개발에서 무너질 수 없다는 생각을 했다.

무엇이 잘못된 것인지 되짚어보았다. '이게 아니구나! 내가 너무 안주했구나! 내가 언제부터 잘살았지?'라는 울림이 내 가슴속에서 메아리쳤다. '어려웠던 시절을 생각하면 지금도 잘사는 거지!'라며 각오를 새롭게 했다. 골프 회원권 같은 것도 다 팔아치우고 다시 투자에 열을 올렸다.

내가 직접 나섰다. 오십이 넘은 나이에 온라인 게임을 그렇게 열심히 한 사람은 별로 없을 것이다. 어떻게 하면 잘 만들 수 있을까? 나는 잠을 안 자고 이름 있는 게임이라는 게임들은 다 해보았다. 집 사람은 이런 나의 열정을 불안하게 생각하면서도 아무런 내색하지 않고 가만히 지켜봐주었다. 종종 주위에서 골프 치러 가자는 제안을 받으면 정중하게 거절했다. 지금 고백한다. 그때는 회원권을 팔았다는 말을 할 수 없었다고.

내가 잘 몰랐던 분야에 뛰어들어 시행착오를 겪었지만 그러면서도 게임을 끝까지 성공시키는 쪽으로 방향을 정하는 것도 내 결단력이다. 지금은 게임도 직접 끌고 가면서 꾸준한 발전을 해왔다고 자부한다. 2011년 선보이는 풀 3D MOFPS '머큐리 레드'는 기대작이다. 이 게임은 미래의 동아시아 국제도시 라스발루시티에서 벌어지는 연방 경찰과 경단연합의 치열한 대결을 배경으로 한다. 이 게임의 무기 파츠parts 조합 시스템은 단순히 무기를 활용하는 것뿐만 아니라 소유하는 개념이다. 총 13개 제조사 브랜드를 가진 스타일리시한 각 파트의 조합을 통해 월등하게 향상된 성능의 커스텀 총기 제작이 가능하다. 북미, 남미, 유럽의 거래처들에서 머큐리 레드에 대한 문의를 계속해오는 것을 보면 내 기대를 저버리지는 않을 것 같다.

나는 어떤 사항을 결정할 때 오래 끌지 않는 스타일이다. 출장 가서도 오래 있지 않는다. 뉴욕을 가면 시차 문제로 몸이 힘들지만 적

미래 도시에서 벌어지는 치열한 전투 게임, 머큐리 레드

응될 만하면 돌아온다. 거래처에서는 날 보고 '저스트 타임 초이Just Time Choi'라고 부를 정도다. 난 이미 사전 분석을 통해 결정해놓고 가기 때문에 아주 특별한 상황이 아니라면 현지에서 바로 결정하고 돌아온다.

회사에서는 토론만 몇 시간씩 벌어지기도 한다. 여러 사람이 이야기를 주고받는 동안 나는 그 자리에서 결론을 낸다. 지금까지의 수많은 경험이 직관을 생기게 해준 결과이다. 또한 결단력은 나에 대한 믿음이기도 하다. 결단할 땐 집중해야 한다. 자기와의 싸움에서 진다면 성공할 수 없다. 오판이라는 생각이 들 땐 재빨리 중단하고 접는 결단이 필요하다. 그 또한 절대적인 용기라고 본다.

완구, 애니메이션,
게임의 융합만이 살길이다

손오공은 완구로 돈을 벌지만 새로운 비전에 끊임없이 투자한다. 직원들의 입장에선 "왜 완구에서 돈 벌어 딴 데 투자하느냐?"는 불만이 있었다. 이 질문에 대한 내 답은 오직 하나다. "완구만 가지고는 분명히 한계가 있다."

내가 게임 개발을 시도한 계기는 이렇다. 어차피 완구를 홍보하려면 CF 같은 영상이 있어야 한다. 애니메이션으로 상상력을 키워주고, 실제로 그 현장에 자기가 있는 것처럼 생각할 수 있게 만들어야 소비자의 구매력으로 이어진다. 그래서 시대 흐름에 따라 캐주얼 게임을 제작하고 거기에 완구를 접목시켜야 한다는 것이 내 생각이었다.

아이디어만으로는 부족하다, 기술력을 갖춰라

2001년 첫 기획 작품은 쵸로Q라는 미니 자동차 완구를 가지고 게임을 개발하는 것이었다. 쵸로Q는 자동차를 뒤로 잡아당기면 앞으로 달려 나가는 프랙션 미니 자동차다. 지금은 넥슨의 캐주얼 게임 카트라이더가 이 분야에서 최고 인기를 끌고 있다. 중국에서는 카트라이더를 그대로 베낀 짝퉁들이 여기저기서 나와 지금도 상용화 중이다. 쵸로Q 프로젝트는 카트라이더보다 생각은 앞섰으나 실행을 하지 못했다.

쵸로Q를 캐주얼 게임으로 접목시키고자 기획을 했는데, 내부에서 엔씨소프트처럼 '리니지' 같은 RPG게임을 만들지 않으면 실패한다며 반대했다. '과연 RPG 게임으로 가는 게 맞을까?' 이런 고민을 수없이 했지만, 내가 너무 젊은이들을 이해하지 못하는 건 아닌가 하는 생각이 들어 접었다. 그래서 웹젠의 '뮤'에 이어 '코에'라는 RPG게임에 투자를 했다. 기술도 부족하면서 RPG게임을 만드는 것이 옳다고 우긴 직원들은 다 어디로 갔는지. 그렇게 큰소리치며 우월하다 주장해 믿고 밀어주었더니 지금은 다 온데간데없다.

내가 너무 온라인 게임에 대해서 몰랐던 것이다. 그때 내 생각이 옳았고, 손오공은 소셜네트워크 캐주얼 게임 쪽으로 갔어야 했다. 콘텐츠에 대한 아이디어는 좋았으나 기술이 부족해 실패한 것이다. 이러한 나의 생각은 결국의 넥슨의 성공으로 증명해보였고, 나는 넥슨의 성공을 대리만족으로 지켜볼 뿐이다.

넥슨은 2000년 들어서 비약적인 성장을 거듭했다. 2002년 봄 어느 날, 넥슨의 김정주 대표를 만났다. 그때 함께 식사를 하면서 콘텐츠에 대한 내 생각과 경험을 들려주었다. 그는 애니메이션과 완구 만드는 것에 관심이 많았고, 아니 뭐든지 알고 싶어 하는 공부벌레다. 특히 엘리트답게 출판에 관심이 많았다.

김정주 사장은 우리나라 온라인 게임의 개발 개척자로 유명하다. 나보다 나이는 적지만 천재다. 그때나 지금이나 열심히 쉬지 않고 뭔가 찾으려고 노력을 한다. 나는 못 배웠지만 그는 최고의 학부를 나온 엘리트이다. 나는 그를 늘 게임계의 귀재라고 생각하고 있다.

나는 "캐주얼 게임에 완구를 접목시키면 될 것 같은데……"라고 말을 꺼냈다. 앞에서 말했듯이, TV 애니메이션을 이용한 머천다이징과 완구를 다룬 경험도 있어서 열성적으로 말을 꺼냈다. 가만히 듣기만 하던 그는 뭔가 곰곰이 생각하며 고개만 끄덕였다. 난 말을 이어갔다. "카드를 앨범에 모을 수 있는 것을 만들어 문방구에서 팔면 될 텐데……." 게임을 할 수 있도록 카드에 번호 키를 넣어 판매를 하면 괜찮을 거라는 의미였다.

1990년대에는 드래곤볼 트레이딩 카드의 인기가 대단했다. 일본이나 한국에서 카드를 앨범에 모으는 마니아가 많았다. 나는 캡슐토이를 전국에 있는 문방구 3만 군데와 거래하면서 카드도 다룬 경험이 있어 스스럼없이 말할 수 있었다. 넥슨은 머천다이징 사업에서도 성공을 하고 있다. 만약에 내가 프로그램을 짤 수만 있다면, 애니메이션을 대신해서 온라인 게임으로 완구와 접목해서 성공을 했을 거라 생각한다. 또한 게임에서는 김정주 사장이 조언을 해주기도 했다. 손오공이 워크래프트 3를 할 때 "스타크래프트 2를 한다면 확장팩 개념으로 만들어야 성공을 할 것이다."라는 그의 말이 적중했다.

아이디어를 쏟아내야 더 좋은 아이디어가 나온다

주변에선 완구 사업의 비전이 그리 밝지 않다고 이야기한다. 우리나라도 그렇고, 다른 나라에서도 몇 년 전부터 갑자기 완구 수요가 줄어든 것은 사실이다. 하지만 지금은 시장이 안정되어가고 있다. IT로 인해 사회가 갑자기 급성장하고 포털 사이트 같은 놀거리가 생기면서 한쪽으로 치우쳤지만, 각 분야의 마니아가 생기면서 시장이 바뀌고 있다. 한 번은 거쳐야 할 과정인 듯하다.

게다가 중국이 경제성장에 힘입어 무섭게 치고 올라오고 있다. 중국이 치고 올라온다고 걱정할 게 아니라 창조적인 콘텐츠를 우리가 먼저 개발하면 된다. 큰 나라일수록 모든 면에 있어 콘텐츠가 부족하다. 특히 중국, 인도 등이 그렇다.

요즘에 게임 쪽에선 곧 중국이 우리나라를 앞설 것이란 전망이 나오고 있지만, 우리가 먼저 콘텐츠를 만들어내면 된다. 중요한 것은 대박 콘텐츠를 만들어낼 수 있는 능력과 아이디어다. 어느 정도 자리 잡으면 다른 상품을 모방하느라 들이는 시간보다 새로운 상품을 만들어내는 데 주력해야 한다.

새로운 콘텐츠를 누가 먼저 만들어 선점하느냐가 관건이다. 남이 우리 아이디어 상품을 모방하는 동안 우리는 더욱 앞서 가야 한다는 것이 나의 지론이다. 오늘 아이디어가 나오면 아끼지 말고 써야 내일 또 새로운 아이디어가 나온다. 아깝다고 미련을 두고 끌어안고 있으면 더 좋은 아이디어는 나오지 않는다.

중국도 이제는 인건비가 만만치가 않다. 물론 한국에 비하면 아직은 그래도 낮다. 그리고 한국은 생산비를 감당하기 어려운 반면, 중국은 장난감 하나를 만들어도 티 하나 없이 잘 만든다. 손으로 일일이 다 닦아내기 때문이다. 그래서 중국이 무섭게 치고 올라오고 있다고 하는 것이다.

아이들이 인터넷, 휴대전화 등을 가까이하다 보니 완구산업이
어려움을 겪기도 한다. 하지만 옛날이나 지금이나 예를 들면 조선
시대에도 놀이문화는 있었다. 현시대에 맞게 놀이문화는 계속 발전
한다. 지금도 놀이문화가 필요한 만큼 장난감은 여전히 필요하다.
아직도 개발도상국에선 완구산업이 성장할 여지가 충분히 있다. 하
지만 완구 하나만으론 분명히 한계가 있다. 완구를 온라인 게임, 애
니메이션과 접목하면 충분히 시너지를 낼 수 있다. 손오공은 10년
이상 이를 증명해왔다.

게임은 반드시 가야 하는 길이다

게임 개발은 정말 쉽지 않다. 그렇지만 개발이 잘되면 수익이 꾸
준히 들어오는 매력이 있다. 그래서 콘텐츠 사업을 하는 사람이라
면 누구나 한 번쯤 하고 싶어 하게 마련이다. 완구는 창고가 필요하
고 물류비가 많이 들지만, 게임은 그럴 필요가 없어 관리비도 적게
들어 더욱 좋다. 나는 2001년부터 게임에 투자해서 초기엔 실패를
거듭했다. 완구 같으면 내가 처음부터 끝까지 관여해 히트작을 만
들면 된다. 그러나 게임은 내가 기획을 한다고 해도 구현하는 선 프
로그램 개발자들 몫이다. 내가 전문가가 아닌 한 성공 확률도 떨어
질 수밖에 없다.

그래도 게임은 주저하고 돌아가야 할 길이 아니다. 모바일 게임,

온라인 게임이 무엇인지 알게 해준 샤이야

스마트 TV와도 접목할 수 있는 콘텐츠이니 반드시 가야 할 길이다. 하지만 내가 투자한 개발자들은 만들어가는 과정의 어려움을 견디지 못하고 쉽게 손을 놓았다. 잘돼도 개발자들이 고집을 부린다고 몇몇 기자들이 내게 조언을 해주었다. 게임 업계에 좋지 않은 게임 개발자가 있다는 소문이 파다하고, 사기 치는 사람이 많다는 말도 들려왔다.

그러나 '구더기 무서워서 장 못 담그랴?'란 옛말이 있다. 나 역시 뭐가 무서워서 개발을 멈추진 않는다. 하지만 꽤나 많은 수업료를 냈다. 100억 원 이상 투자를 해도 완성도 있는 게임은 찾아볼 수 없었다. 그만큼 게임시장이 어려워졌다는 말이다. 손오공에서 게임 개발을 해봤지만 한계가 보였다. 상장회사로는 투자하는 데도 분명 한계가 있다.

그래서 나는 다시 시작하는 마음으로 과감하게 내 이름을 걸고 초이락 게임즈를 설립해서 투자하기 시작했다. 만약 성공한다면 손오공에 큰 도움이 되리라 믿었기 때문이다. 그러나 내 마음같이 그리 잘되지는 않았다. 다행히 그 가운데 온라인 게임 '샤이야'가 순조롭게 성장해 50여 개국에 수출되는 성적을 올렸다. 샤이야를 제외한 다른 게임들은 다 접었다.

샤이야는 온라인 게임으로 보자면 후발주자이고 내게는 온라인 게임이 무엇인지 알게 해준 사전적인 게임이다. 어떻게 게임을 만들어야 한다는 것을 이제야 깨달은 듯하다. 이런 내 맘을 알기라도 하듯 개발자들이 샤이야를 새롭게 업그레이드해서 게임의 재미를 더욱 높였다.

최신규가 아닌 빙초산으로 살아가다

나는 많은 온라인 게임을 직접 체험하는 데 시간을 소비했다. '왜 남들은 잘되는 데 우리는 안 될까?'라는 오기가 발동했다. 마우스를 하도 움직여서 오른쪽 손목 부위에 굳은살이 생겼다. 5년이 되도록 참견하지 않고 기다렸지만, 더 이상은 그들에게 맡겨둘 수 없었다. 게임이 성공할 때까지 골프도 하지 않겠다는 굳은 결심을 하면서 온라인 게임에 집중했다.

밤을 새우면서 샤이야 게임을 해보기도 했다. 이 게임의 장단점이 무엇인지 알기 위해 철저하게 유저 입장이 되려고 했다. 가장 좋은 방법은 길드에 들어가는 것이었다. 남들이 보기엔 나이 먹은 열성 유저일 뿐이었다. 참고로 길드에선 마흔다섯 살의 평범한 아저씨로 활동했다.

업무 차원에서 시작한 온라인 게임이었지만, 샤이야는 내게 새로운 세계를 펼쳐 보여주었다. 샤이야와 길드 유저들 사이에서 최신규라는 인물은 새로운 정체성을 부여받았다. 내 ID는 '빙초산'이었다. 이 새로운 세계 속에서 나는 '최신규'일 필요가 없었다. 빙초산으로 살아가다 보니 참 재미있는 일이 많이 생겼다. 여자 유저들에게 오빠란 소리를 듣고, 남자 유저들에게는 형님이라 불렸다. 조폭 보스처럼 졸지에 아우들을 무수히 거느리게 됐다. 온라인상에서 이들과 어울리면서 피가 되고 살이 되는 이야기를 귀담아듣게 됐다.

길드의 유대는 온라인을 넘어 오프라인까지 확대됐다. 여의도에서 모임이 열리고 지방에서도 회원들이 속속 상경했다. 여름엔 포천계곡 물가에서 모임을 가지기도 하고, 비오는 날에도 모임에 참여할 정도로 다들 열성을 보였다. 어떤 조직이든 나이 많은 정신적 지주가 한 명쯤 있으면 좋다. 나는 모임의 균형을 잡아주는 형님 격이라 모두 나를 정말 좋아했다. 젊은 사람들과 격의 없이 이야기할 수 있다는 것 자체가 내 생활에 활력을 불어넣어주었다.

모임 중엔 이런저런 말들이 난무했다. "운영자 놈들, 뭐 하는거야!" 하면서 직원들 욕을 할 땐 나도 답답했다. '정말 좀 신경 써서 유저들에게 잘해주지.'라는 생각에 속이 끓어 인내하기도 쉽지 않았다. 아무튼 떼돈을 벌었을 거라고 이야기하며 잘난 척하는 친구도 있었다. 수지타산으로만 보자면 그런 이야긴 유저들의 상상에 불과했다. 나는 속으로 빙긋 웃었다. 그래도 그런 유저들의 추측은 기분 좋은 것이었다.

온라인 게임, 종주국인 우리가 먼저 사랑하자

이 역시 거듭 이야기하지만 세계적으로 완구, 애니메이션, 온라인 게임을 같이 하는 회사는 손오공 외에는 없다. 완구 회사는 온라인 게임에 대해 모르고, 애니메이션 회사는 온라인 게임에 대해 모르고, 온라인 게임 회사는 완구를 모른다. 나는 완구, 애니메이션, 온라인 게임을 접목할 수 있다는 자신감을 가지고 있다. 완구로 돈을 벌어 부동산이나 골프장에 투자하는 것과는 차원이 다르다.

더구나 한국은 세계 최고의 IT 인프라를 가지고 있다. 완구에도 IT가 접목되는 시대가 올 것이다. 게임 중독과 관련한 일부 사건 때문에 게임 전체가 매도될 때면 참으로 안타깝다. 살아가면서 누구나 게임이든 무엇이든 중독될 수도 있다. 하지만 자신이 그에 대한 대비책을 마련해두면 된다. 어떤 일이든 근거도 없이 막연하게 안 좋다고 단정하고 막으려고 해서는 안 된다. 컴퓨터 전파가 우리 인체에 해를 끼친다면 그 해가 얼마나 큰지도 정확히 알아야 되지 않을까? 게임이 해외에 수출되어 벌어들이는 외화, 인력 창출 등 국가에 미치는 긍정적인 영향도 꽤 크다는 것도 알았으면 한다.

어른들이 게임을 하는 자녀를 무작정 다그치면 곤란하다. 열심히 게임 속에서 목적을 달성하려는데 아이에게 말을 걸어 야단을 치면 신경이 날카로워진다. 게임이 끝나면 조용히 불러 좋은 말로 타이르는 게 더 좋을 것이다. 어른들도 장기나 바둑, 고스톱 칠 때 옆에서 누가 말을 걸든가 참견하면 짜증이 나지 않는가.

뭐든 인기가 있고 그곳에 사람들이 몰려들면 생각지도 않은 문제가 발생하게 마련이다. 제재하려면 내가 먼저 그것에 대해 생생하게 알아야 한다. 온라인 게임의 종주국인 우리가 먼저 온라인 게임을 사랑해야 한다는 바람이다. 아무튼 이 세 분야를 접목해 지속적으로 개발하고 성공할 때까지 투자하는 것이 나의 미래 비전이다.

샤이야 유저들과 나와의 관계는 어떻게 되었을까? 어느 날 길드의 한 유저로부터 전화가 왔다. 그는 대뜸 "초산형, 손오공 사장 맞아요?"라고 물었다. 드디어 올 것이 온 것이다. 나는 지금도 그 모임에선 빙초산일 뿐이다.

커밍아웃을 하고 모임에 나가자 질문이 쏟아졌다. "바쁘신데 그렇게 게임할 시간이 있어요?", "게임하면서 채팅도 잘하던데 간혹 누가 게임해주는 거 아니에요?" 등의 질문이 쏟아졌다. 내가 밤새워 게임을 한 사실을 유저들은 잘 알고 있었기 때문이다. "사람이 부지런해야 뭐든 가질 수 있어 경영도 하고 게임도 하고 길드원도 이렇게 만나잖아?"라고 농담을 하면 그 친구들은 "워~!" 하며 장단을 맞춰준다.

우리는 지금도 종종 모임을 갖는데 여자 유저들도 함께하고 언제나 유쾌하기만 하다. 내가 처음부터 손오공 사장이라고 밝히고 만났다면 이런 분위기는 절대 만들어질 수 없었을 것이다. 유저들로부터 노익장임에도 불구하고 "게임 컨트롤을 잘한다."는 소리를 많이 들었다. 참 기분 좋은 소리다. 이 모임에는 별별 친구들이 다 있다. 서른아홉 살이라는데 나보다 더 늙어 보이는 친구도 있다. '위로 10년, 아래로 10년은 친구'라는 말에 공감한다.

처음부터 철저히 포지셔닝해 생명력을 유지해야 한다

콘텐츠 산업이 나가야 할 길은 분명하다. 위에서 말했듯이 전 세계적으로 콘텐츠가 부족하다. 모든 것을 접목시켜야 한다. 하나의 콘텐츠를 잡으면 원소스 멀티유즈OSMU로 발전시켜야 하는데, 그렇게 발전시키려면 처음부터 기획과 시나리오가 철저하게 구축되어 있어야 한다. 원소스 멀티유즈는 하나의 콘텐츠를 영화, 게임, 음반, 애니메이션, 장난감 등의 다양한 영역으로 확대 판매하여 부가가치를 극대화시키는 마케팅 방식이다. 세계적으로 성공한 콘텐츠를 보면, 하나를 만들더라도 철저하게 각본을 만들어 집요하게 물고 늘어져서 완성도를 높여간다.

1975년 팬시 제품으로 출발한 일본 산리오의 헬로키티는 장수 캐릭터로 명성을 쌓고 있다. "사람들과 관계를 돈독히 하려면 상호 간의 존중과 사랑이 필요하다. 이런 존중과 사랑의 표현이 '사회적 커뮤니케이션 사업의 근간'이라는 산리오의 기업 이념에 따라, 헬로키티는 사람 간의 정서를 이어주는 '커뮤니케이션 기프트 communication gift'로서 철저하게 포지셔닝되었다. 이런 포지셔닝이 처음부터 제대로 되었기에 오늘날에도 헬로키티는 생명력을 유지하고 있다. 손오공은 산리오의 애니메이션인 〈부탁해 마이멜로디〉 등의 작품 계약으로 그들과 관계를 가지며 여러 가지 노하우를 익혀나가고 있다.

〈해리포터〉나 〈스파이더맨〉도 콘텐츠 확장을 지속해 세계를 뒤덮어버린 경우이다. 우리나라도 그렇게 가야 한다. 원소스 멀티유즈로 확실하게 가야 한다. 한국 시장은 대단히 까다로운 시장이다. 한국 시장에선 콘텐츠에 대한 싫증이 빨리 나타난다. 콘텐츠 사업은 사이클이 짧기 때문에 사업자가 무조건 부지런해야 한다. 그렇기 때문에 덩치 큰 대기업이 뛰어들기에는 알맞지 않다. 몸집이 작은 업체가 콘텐츠를 확장하는 편이 훨씬 낫다.

연예인들을 보라. 빛의 속도로 떴다가 무슨 사건이 하나 발생하거나 얼마 동안 안 보이면 '옛날에 그런 사람이 있었지' 하는 식으로 잊혀진다. 콘텐츠 시장은 까다롭기도 하지만 벤처정신으로 열심히 노력한다면 더욱 매력이 느껴질 것이다. 나 또한 콘텐츠 산업에 발자국을 남기고 싶다.

또 한 번의 세계 제패를 노린다, 〈슈퍼스타 K 온라인〉

소설 《위대한 개츠비》의 작가 F. 스콧 피츠제럴드는 "일류의 지성을 가졌느냐의 여부는 두 개의 상반된 생각을 동시에 지닌 채, 아직도 제대로 기능할 수 있는 능력을 가지고 있는가에 달렸다."라고 말했다. 이를 창의 산업에도 적용해볼 수 있다.

혁신적인 상품이란 두 가지의 전혀 상반된 개념이 결합될 때 탄생한다. 걸 그룹 소녀시대가 일본에서 각광받는 것을 보라. 소녀시대는 한국에선 귀여운 여동생의 이미지였다. 그런데 일본에 진출하면서 중성적인 이미지가 가미됐다.

공주풍이 대세인 일본 걸 그룹 시장에서 소녀시대는 시원시원한 춤과 군무를 앞세운 중성적 이미지로 일본 팬들로부터 '멋있다'라는 동경을 끌어냈다. 한류에 빠진 엄마들과 함께 자라난 청소년 세대들은 소녀시대의 지지층이 됐다. 소녀시대가 귀엽다는 이미지만 있었다면 기존의 일본 걸 그룹을 뚫을 수 없었을 것이다.

걸 그룹 카라도 일본의 청소년에 이어 어린아이들한테까지 인기가 대단하다. 일본 거래처에서 미팅을 하는데 거래처 사람이 이런 말을 할 정도다. 어느 날 퇴근을 해서 집에 갔는데 딸아이가 아빠 보라고 엉덩이춤을 추며 재롱을 떨더라는 것이다. 그러면서 그 사람은 목소리 높여 "카라 스바라시이~!대단하다 스바라시이~!"를 연발했다.

두 가지 상반된 개념을 결합해야 새로운 제품이 나온다

나는 제품을 만드는 것도 마찬가지라고 생각한다. 두 가지의 상반된 개념을 결합해야 이때까지 전혀 없던 제품이 만들어진다. 그런 생각을 골똘히 하던 중에 아이디어가 생각났다. 댄스와 노래하는 음악 애니메이션 게임을 제작하는 것이었다. 그래서 탄생한 것이 '슈퍼스타K 온라인'이다.

초이락 미디어의 슈퍼스타K 온라인은 한마디로 네트워크 온라인 댄스 노래방이라고 보면 된다. 다른 게임들은 앉아서 할 수밖에 없는 구조이다. 그러다 보니 건강에 안 좋다는 것에 덜미를 잡혀 게임중독이라는 소리도 듣는다.

온라인에서 마음껏 끼와 열정을 발산하는 댄스 노래방, 슈퍼스타K 온라인

하지만 슈퍼스타K 온라인은 노래하며 율동도 할 수 있는 아케이드 기기와 연동되게 만들어져, 아주 건전하게 유산소 운동을 할 수 있다는 장점이 있다. 4년간에 걸쳐 개발한 슈퍼스타K 온라인은 2010년 5월부터 1년 이상 안정성 테스트를 거쳐, 2011년 6월에 오픈 베타에 이어 정식 서비스를 시작했다.

이 게임은 내가 아이디어를 내고 기획에도 직접 관여했다. 유저는 실시간으로 연결된 다른 유저들의 얼굴을 화면으로 보면서 직접 노래 부르고 듣고 채팅하고, 실제 가수의 춤을 그대로 구현해내는 댄스까지 할 수 있다. 이런 게임은 세계 최초다.

슈퍼스타K 온라인은 게임의 차원을 넘어 새로운 글로벌 문화를 만들어낼 수 있다. 요즘같이 전 세계적으로 케이팝 붐이 불고 있을 때 해외 유저들을 대상으로 케이팝 배틀을 가지면 한류 확산에도 큰 기여를 할 것이다. 케이블방송인 Mnet에서 진행 중인 〈슈퍼스타K 3〉에 도전한 지원자가 약 159만 명이라고 하니, 가수 뺨치게 노래를 하는 재능을 가진 사람들이 대한민국에 얼마나 많다는 이야기인가! 슈퍼스타K 온라인은 이들이 온라인에서 마음껏 끼와 열정을 뽐낼 수 있도록 해주는 댄스 노래방이다.

슈퍼스타K 온라인은 수년의 제작 기간 동안, 비가 오고 눈이 오는 날도 개발자들과 거리로 나가 현장을 체험하며 말 그대로 음악 온라인에 미쳐 있는 사람들이 함께 만들었다. 황재욱 실장을 비롯한 책임자들과 함께 회의에 회의를 거듭했다. 이렇게 힘들게 개발한 보람이 분명 있을 것이고, 그 가치 또한 분명 높을 것이다.

세계에서 처음으로 특허까지 낸 슈퍼스타K 온라인의 출발점은 네트워크로 연결한 '화상, 노래방, PC, 댄스가 결합할 수 있다면?' 이라는 아이디어였다. 원래 노래방은 일본의 가라오케가 원조다. 가라오케가 부산을 통해 한국에 상륙해서 전국으로 퍼져 나가 지금의 노래방 문화를 만들었다.

한국 사람은 노래를 특히 좋아하는 민족이다. 우리나라에 노래방이 몇 개인지 조사해보니 약 3만 5천 군데 정도였다. 스타크래프트 게임이 PC방을 생겨나게 하는 데 큰 공헌을 했다면, 슈퍼스타K 온라인은 현재의 노래방 놀이문화를 바꾸어놓을 것이다.

그렇게 된다면 노래방을 운영하는 사람들한테도 좋은 반응을 얻을 것이라고 본다. 그리고 PC방, 사무실, 아파트 등 언제 어디서나 노래를 부를 수 있어 대중에게도 큰 호응을 얻을 것이라 생각한다. 장소의 한계를 극복하게 해주는 것이 곧 온라인이다.

거기에 1990년대 후반에 선풍적인 인기를 누렸던 DDR, 펌프 같은 댄싱 기계 기능을 더욱 업그레이드했다. 새로 개발한 아케이드 기기를 네트워크에 연결하면 앉거나 서서 노래와 댄스 배틀을 할 수 있고, 서로 화상을 보면서 채팅도 할 수 있다.

국경과 인종을 넘어 전 세계의 노래를 교류한다

일본은 전 세계에 가라오케로 노래 문화를 알렸다. 한국은 온라인 종주국이고, 이제는 댄스 노래방으로 노래 문화를 전 세계에 알린다는 꿈을 가지고 있다. 기존 노래방은 혼자서 가기가 쉽지 않다. 그런데 슈퍼스타K 온라인은 혼자 노래방에 가도 친구들을 얼마든지 만날 수 있다. 각자 뜻이 맞는 사람들끼리 아바타를 이용해 온라인상에서 만나 서로 얼굴을 보면서 말하고 노래 부르며 춤도 춘다. 그리고 전 세계의 노래가 실시간으로 국경과 인종을 넘어 교류하게 된다. 노래는 어느 나라든지 절대 식지 않는 문화인 만큼, 슈퍼스타K 온라인이 배출한 글로벌 스타 가수가 탄생할 수도 있다.

개발 초기에는 이 게임의 타이틀을 '내일은 가수왕'으로 시작했다. '내가 꿈꾸던 가수가 되자'는 슬로건 아래 춤 잘 추고, 노래 잘 하는 사람을 연예인으로 만들자는 기획이었다. 그것이 정말 현실이 되고 있다. 케이블방송 프로그램인 〈슈퍼스타K 3〉오디션에 150만 명이 넘는 도전자가 몰리고 있다. 장소도 문제거니와 제대로 오디션 보기도 쉽지 않다.

그런데 슈퍼스타K 온라인에서 예선을 치러 먼저 걸러내고 본선에 올리는 시스템이 된다면 더 공정하고 재미있을 것이다. 온 가족이 다 함께 즐기기에는 이만 한 온라인 놀이는 없을 것이라고 확신한다. 〈위대한 탄생〉과 〈슈퍼스타K〉는 어느 정도 시간이 지나면 수명이 다할지라도, 음악이 없어지지 않은 이상 온라인 댄스 노래방은 영구적이고 무궁무진한 오프라인 비전을 만들어낼 것이다. 나는 그렇게 믿고 있다.

우리나라의 최대 포털 회사인 NHN과 종합 엔터테이먼트 기업인 CJ E&M이 슈퍼스타K 온라인에 함께 참가한다. NHN은 슈퍼스타K 온라인 채널링을, CJ E&M은 우리 회사와 공동 퍼블리싱을 맡는다. CJ E&M에서 코카콜라 네이트까지 중소기업과 대그룹이 실로 공생관계를 형성한 것이다.

사회적으로 시너지 효과를 낼 수 있다는 것에 기대를 걸어도 좋다. 음악 사이트 B사와 함께한다. 또 오프라인에서는 유명한 금영 노래방 회사와 제휴를 해, 슈퍼스타K 온라인을 노래방 기기 안에서도 볼 수 있다. 그리고 앞으로는 스마트 TV와 소셜 네트워크 TV가 경쟁적으로 성행하게 될 것이다. 슈퍼스타K 온라인은 여기에도 잘 연동될 수 있게 이미 기획과 개발을 끝마쳤다. 끊임없이 새로운 놀이문화를 만들어나갈 것이다.

나만의 방송을 만들어 즐기면서 자기를 알리는 시대

미래는 나만의 방송을 만들어 즐기면서 자기를 알리는 시대로 간다. 예상대로 일본에서도 슈퍼스타K 온라인 사업 제의를 해왔다. 에이벡스 엔터테인먼트와 다카라토미가 초이락 미디어와 합작으로 슈퍼스타K 온라인 애니메이션을 만들기로 했다. 에이벡스는 일본에서 가장 큰 음악 기획사로 보아의 일본 활동을 성공적으로 이끌어낸 회사이다. 소녀시대도 지금은 일본 소속사를 옮겼지만 처음엔 일본에서 이 회사 소속이었다.

일본에서는 〈니케이〉 신문에 원소스 멀티유즈로 다양한 상품을 개발한다고 대대적으로 발표됐다. TV 애니메이션 시리즈는 댄스와 음악을 좋아해 유명한 가수로 커나간다는 줄거리다. TV 애니메이션을 방영하면서 앞으로 키즈 오디션도 병행할 예정이다. 초이락 미디어는 마이클 잭슨 같은 연예인을 발굴하는 것도 목표로 두고 있다.

슈퍼스타K 온라인을 좀 더 구체적으로 설명하자면, 손가락으로 노래에 맞춰 아바타가 춤을 추게 하는 것이다. 기본적으로 손으로 조정하지만 발로 하는 기능도 있다. PC에 마이크, 레이저 센서가 연결된 발판을 달아놓아, 박자에 맞춰 손과 발을 움직여 춤을 추며 유산소운동을 할 수 있도록 했다. 이 게임의 실제 목적은 가정에서 노래하고 춤추며 다이어트를 할 수 있게 한 것이다.

슈퍼스타K 온라인을 위한 특수 방음 헤드셋과 책상 위에 놓을 스탠드형 방음 마이크도 개발했다. PC만 있다면 아무 데서나 노래를 목청껏 부를 수 있도록 만들었다. 방음 헤드셋을 이용하면 아무리 크게 노래를 불러도 주위 사람들에게 전혀 피해를 주지 않는다. SF 영화에 나오는 미래 인간의 마스크처럼 보이기도 하지만, PC방뿐만 아니라 특히 아파트에서 각광받을 것이다.

아파트에서는 노래를 하고 싶어도 이웃집에 피해를 줄까 봐 큰소리 한 번 못 지른다. 하지만 이 방음 헤드셋을 착용하면 FPS1인칭 슈팅 같은 격렬한 게임을 할 때도 얼마든지 목청 높여 말할 수 있다. 집안에서 부모와 자녀들이 노래 소리 때문에 신경전을 벌일 일이 아예 없어진다. 음질도 테스트와 연구를 거듭해서 깨끗하게 잡았다.

내 책상 위에는 이미 소문을 듣고 중국, 동남아 등 여러 나라에서 계약을 하자며 보내온 제안서가 쌓여 있다. 앞에서도 말했지만, 이래서 우리가 먼저 창조적인 것을 개발하면 된다는 것이다. 불과 몇 년 후면 노래방에서도 ID와 아바타를 가지고 노래하는 시대가 열릴 것이라 본다.

소셜 네트워크의 플랫폼이 앞으로 시장을 주도하는 속에서 이 댄스 노래방은 무한한 발전을 할 것이다. 현재 슈퍼스타K 온라인과 방음 마이크는 이미 대박 서열에 예약되어 있다. 개발자들은 누군가 인정해준다는 것에 최고의 만족과 최고의 성취감을 느낀다. 우리는 지금도 제2, 제3의 슈퍼스타K 온라인을 만들기 위해 연구에 연구를 거듭하고 있다.

부도 없이 이끌어온
CEO가 영웅이다

회사를 경영하다 보면 주변에서 다른 회사의 경영 상태가 안 좋다는 반갑지 않은 소식을 자주 듣는다. 또 "참 좋은 분이셨는데 부도를 내서 안타깝다."라는 말도 종종 듣게 된다. 물론 안타까운 일이지만 개인적으로 그 말에 동의하지 않는다. 부도를 낼 수밖에 없는 상황들이 나름대로 있겠지만, 이런 일은 경영자가 예측을 잘못해 생긴 결과다. 결국 부도를 막지 못했다면 그 사람은 처음부터 사장 자격이 없었던 것이다.

나는 작은 영세업을 하더라도 부도 없이 운영하는 분들이 훌륭하다고 생각한다. 1990년 후반까지만 해도 가계수표가 만연해서 부도를 내는 회사가 많았다. 부도를 내지 않고 지금까지 크고 작은 기업체를 운영하는 사장들을 인정해줘야 한다. 부도는 고의든 아니든 남에게 엄청난 피해를 준다. 부도란 거듭 이야기하지만, 어느 날 갑자기 일어나는 게 아니라 사전에 예측되는 상황이다.

천재지변이 아니라면 부도는 막을 수 있다

CEO 자격에는 '예측'이라는 덕목이 중요하게 작용하기 때문에, 천재지변이 아니라면 부도는 막을 수 있다. 앞에서 말한 '살아생전에 성공은 있는가?'라는 내 물음과도 연결되는 대목이기도 하다.

CEO는 회사가 존속하고 성장하는 데 필요한 조치를 한다. 그중 하나가 구조조정이다. 손오공은 지난 2006년에 회사 창업 이래 처음으로 구조조정을 했다. 구조조정은 회사의 인적 포트폴리오를 효율적으로 만들지만, 피를 묻히며 살점을 잘라내야 하는 고통도 따른다. 선배 기업가들이 이제는 손오공도 상장사이기 때문에, 서바이벌 형태의 기업으로 다시 태어나야 한다고 많은 조언을 해주었다.

큰 기업을 경영하는 기업가 또는 벤처 기업가들도 만나면 "최신규와 손오공을 보면 크게 보인다. 반면 직원을 보면 작게 보인다."라고 말을 했다. 개인적인 이야기지만, 나는 아이들을 2002년에 유학 보낸 뒤 아이들에게 한두 번 다녀온 게 다다. 난들 왜 아이들에게 가보고 싶지 않겠는가! 하지만 자리를 비울 수가 없었다. 회사 내에서는 나를 대체할 사람이 없었기 때문이다. 회사가 작을 땐 몰랐는데, 회사가 커지면서 관리 역량이 부족하다는 것을 절감했다.

예나 지금이나 나는 직원들을 뽑을 때 학벌은 보지도 않는다. 많이 배우진 못했어도 참신한 사고방식을 지닌 사람이면 일하면서 함께 성장해나가고픈 마음에서였다. 하지만 2000년대 들어서면서 기업 환경은 급변하기 시작했다. 우리 회사도 체질 개선이 시급했다. 사회는 급변하고 젊은이들은 밑에서 치고 올라오는데, 회사가 쇄신하지 않으면 더 이상 발전이 없다고 보았다. 여러 측면에서 정리정돈을 했으면 했는데, 이것도 마음먹은 대로 쉽게 되는 것은 아니었다.

직원들도 노력해서 따라와야 한다

내가 아끼는 직원이 한 명 있었다. 그에게 대학원에서 1년만 공부하라고 권유했다. 내심 공부한다는 핑계로 잠시 자리를 비켜 있으면, 대학원 수료 후에 사장으로 다시 부르려는 의도였다. 그랬는데 그 직원은 내 의도와 완전히 다르게 받아들여서 충격이 컸다. 난 형제보다 더 잘해주었다고 생각했지만 상대는 그렇지 않았던 모양이다. 솔직히 그 사람만큼은 내 마음같이 움직여줄 줄 알았다. 그 사람이 회사 내 모든 관리를 하고 있었기에, 나는 평소에도 인간적으로든 경제적으로든 그에게 많은 혜택을 주었다. 나는 형제처럼 생각해서 주고도 전혀 아깝다는 생각을 하지 않았는데, 내가 착각을 했던 모양이다.

그 직원은 다른 사람을 시켜 "이제 필요 없다고 내보내려면 보상을 해달라."고 요구해왔다. 이거야말로 완전 기가 막힌 일이었다. 이미 승진인사 통보를 해서 자리 이동을 해야 하는데 자리를 비켜주질 않았다. 완전히 수장 둘이 한 팀, 한 책상에서 같이 일하는 꼴이 되었다.

그러니 직원들이 얼마나 동요했겠는가? 가장 믿을 만한 사람이었는데 나로서는 너무도 당황스럽고 황당했다. 하루하루 스트레스가 쌓여 업무도 제대로 처리할 수 없었다. 술만 먹으면 아래 직원들한테 나를 의리 없는 사장으로 전락시켜놓고, 회사 내부에 불신의 씨앗을 뿌렸다. 그때 나는 너무 충격을 받아 회사 경영에 회의를 느낄 정도였다.

직원들의 입장은 다를 수 있겠지만, 회사에 오래 다녔다고 자부할 게 아니라 시대에 뒤처지지 않도록 다 같이 공부를 해야 한다. 임원 자리에 있으면서 이메일 한 통 보낼 줄 몰라 서류를 옆구리에 잔뜩 끼고 들어와 항상 얼굴을 보고 이야기해야 한다면 지금 시대에 맞지 않다.

당시 손오공의 인적 구조를 보면 역피라미드형이었다. 오랫동안 일한 임원들의 숫자가 가장 많은, 한마디로 위가 비대한 조직이었다. 이런 조직 구조로는 젊은 직원들에게 비전을 줄 수 없다. 오프라인 회사가 현장에서 일할 사람이 적고 임원들만 많으면 일이 제대로 진행되지 않는다. 상사가 직원보다 많으면 아랫사람들은 어느 세월에 승진하겠는가.

나는 이러한 조직 구조를 변화시켜야 한다고 생각했다. 회사의 문제점을 해결하기 위해 사원들과 면담을 하면 임원들의 능력이 문제이니 쇄신을 해야 한다는 얘기들을 했다. 사원들이 그런 지적을 하면, 어느새 눈치 빠른 임원은 내게 고자질했다며 그 사원을 미워하는 차원을 넘어 어려움에 처하게 만들었다. 참으로 한심한 꼴이었다.

나는 어쩔 수 없이 일부 임원들을 불러 퇴사를 권유했다. 그러자 그들은 퇴직금 외에도 개인적으로 더 도와달라고 요구하거나 부탁을 했다. 본인들은 자기만 그런 걸로 생각하지만 나로서는 한둘이 아니었다. 그들의 프라이버시가 걸린 문제이니 나 혼자만 영원히 가슴에 묻어두고 가겠다. 나는 그들에게 지금 당장은 부탁을 들어주기 어려우니 시간을 달라고 했다. 회사가 쇄신을 해서 정상적으로 돌아가고 안정이 되면 도와주겠노라고 했다. 그걸 호의적으로 받아들이지 않고 오해만 하니 너무 가슴이 아팠다.

퇴사를 권유하는 과정에서 어쩔 수 없이 일 잘하는 사람도 묻어 내보내야 하는 현실도 괴로웠다. 어느 사장이라도 무턱대고 사람을 내보내려고 하지는 않을 것이다. 이후 회사는 다시 안정을 되찾기 시작했다. 그동안 열심히 일하고 회사를 걱정했던 퇴직 직원들 가운데 일부는 다시 불러들여 함께 일하고 있다.

CEO도 노력하겠지만, 콘텐츠 사업은 주부가 알뜰하게 살림을 꾸려나가듯 회사를 잘 관리해야 한다. 그래야 회사가 유지되고 경영이 유지될 수 있다는 것을 직원들도 몸소 느껴야 한다. 손오공이 글로벌 무대에서 성장하려면, 직원들 각자가 실력을 갖추어야 하기 때문이다.

그동안 나는 밤낮 없이 노력해서 콘텐츠 사업가로서 성장했는데, 일부 직원들은 예전 그대로 제자리걸음이었다. 그래서 회사는 커졌지만 직원들은 능력을 제대로 발휘하지 못한다는 말을 들었던 것이다. 그러니 직원들도 열심히 노력해서 따라와야 한다.

처마 위에 있는 것과 처마 밑에 있을 때는 시야가 다르다

손오공은 2005년 1월, 코스닥에 상장사로 등록됐다. 회사로서는 호재가 분명했지만 내적으로는 위화감이 조성되기도 했다. 회사가 상장되는 순간 직원들이 허탈감에 빠졌다. 언론에선 연일 내 이름을 거론하며 신흥 갑부가 탄생했다고 떠들어댔다.

어제까지만 해도 아침저녁으로 얼굴을 맞대며 가족처럼 지내던 사람들이 내가 갑자기 신흥 갑부가 됐다고 하니 상대적인 박탈감을 느꼈나 보다. 그런데 주식이라는 것은 내가 회사를 남에게 넘긴다면 모를까 팔 수 있는 기간 옵션이 있어 팔 수도 없다. 하지만 회사 내에서는 직원들이 허탈감에 빠져든 분위기가 역력했다.

당연히 회사 일이 안 돌아갔다. 나는 이런 분위기 때문에 아침마다 출근해서 고민했다. 이럴수록 정신 차리고 회사를 차분히 이끌어나가야 한다고 생각했다. 임원들은 직원들이 일 잘한다는 보고보다는 무엇을 잘못하고 있다는 보고들만 계속 해댔다. 차라리 이런 보고는 안 듣는 편이 나았다. 그 상황을 타계해나갈 수 있는 묘안이 필요했다. 특히 일부 임직원은 고의로 나쁜 분위기를 조장하면서 태업을 한다고 했다. 사람이 많으니 이런저런 일도 많았다.

손오공은 완구를 기반으로 한 엔터테인먼트 회사다. 가족적인 분위기에서 일하며 회사를 알뜰하게 관리해서 지금까지 잘 버텨온 회사다. 비가 오면 비가 올세라 눈이 오면 눈이 올세라, 제품이 눈비에 맞지 않도록 밤새 커버를 덮어주는 노력을 해서 이만큼 쌓아온 회사다. 그런데 건성으로 일하는 직원이 많으면 아무래도 일하는 분위기가 조성되지 않는다.

직원들 입장에서는 자기들 월급과 내 주식 가치를 비교하면 힘이 빠질 수도 있다. 그 점은 나도 충분히 이해하려고 했다. 그래서 일시적인 현상이겠거니 했지만 분위기는 전환되지 않았다. 그래서 결국은 그다음 해에 창사 이래 처음으로 구조조정위원회가 설치되었다. 실적과 회사의 기여도에 따라 승진과 성과금을 주는 형태로 조정했다. 회사가 커질수록 현실은 각박해졌고, 그만큼 내 등짝에는 무거운 짐이 실리는 기분이었다.

나는 덧붙이지도 빼지도 않는 직원을 좋아한다. 간단명료한 보고를 좋아한다. 시간 없이 바쁘게 살아서 그런지 몰라도 돌려서 말하는 것을 싫어하고 직설적인 말을 좋아한다. 또 한 번 믿으면 일을 몰아주는 특징이 있다. 너무 지나치게 믿는 게 단점이 될 때도 있지만 그래도 어떡하겠는가, 직원을 믿을 수밖에. 그래서 직원들에게 내 생각을 절대 강요하지 않는다.

하지만 사업에 관해선 "너 사업할 거면 이렇게 해야 해."라고 정확히 꼬집어서 이야기해준다. 어떤 사업을 하더라도 알뜰하게 관리하지 않으면 안 된다. 처마 위에 있는 것과 처마 밑에 있을 때는 시야가 참 많이 다르다. 월급쟁이로 일하는 것과 회사를 경영하는 것은 확연히 다르다. 나는 임직원들에게도 "여기서 나보다 더 큰 사업을 할 사람도 나올 것이다. 언제까지 나하고 계속 일하라는 법이 있나."라고 말하곤 한다.

일본 속담에 '큰 나무 위에 작은 줄기는 얹혀산다.'라는 말이 있다. 사업을 하다 보면 때에 따라서는 나보다 큰집의 하청 일을 하며 힘을 키워야 할 때도 있다. 길고 짧은지는 대봐야 안다면서 큰 상대 앞에서 무조건 덤비는 건 무리다. 내 밑에 있을 때는 뛰어나 보이던 직원도 막상 제 사업을 하면 얼마 못 가고 문을 닫는 경우도 많이 봤다. 내가 보기엔 참 안타깝다.

그런 이들에게 이런 말을 들려주고 싶다. "사장이 되려면 즐거운 삶에 대해 많은 걸 포기하고 사업에 양보해야 한다."

돈을 버는 기업가가 아니라
창조적인 기업가로 남고 싶다

요즘 '사회적 기업'이라는 말이 화두다. 기업이 이윤 창출을 최우선 목적으로 삼지 않고 좋은 의미의 사회적 가치를 추구한다는 뜻이다. 나는 기업을 운영하면서 사회적 기업이란 용어가 나오기 전부터 인력 창출에 많은 힘을 쏟아왔다. 내가 하는 완구사업은 직·간접적으로 만화, 애니메이션, 캐릭터, 게임 등과 연관되어 있다. 이 분야들에서 소재를 접목하거나 인력을 수급하고, 또 이 분야의 사람들이 우리 제품의 소비자가 되기도 하기 때문이다.

거리로 나가 보면 눈에 총기가 사라진 채 길거리를 걷는 사람들을 종종 볼 수 있다. 나는 젊은 시절 가난하고 못 배워서 힘든 시간을 보냈지만, 끊임없이 인생 목표를 세워 무언가를 이루어내는 데서 성취와 기쁨을 맛보았다. 젊은이들에게 일자리를 주는 것이야말로 우리 사회에 건전한 피를 돌게 하는 일이라고 생각한다.

인력 창출은 곧 문화 수출로 이어진다. 이들이 창의적 아이디어를 쏟아내고, 한국의 DNA가 담긴 문화 상품들이 전 세계로 퍼져나간다면 자연스럽게 한국을 홍보하게 된다. 나는 문화 수출을 궁극적인 목표로 삼고 있다.

대통령도 우리는 왜 닌텐도 같은 제품을 못 만드느냐는 말을 한 적이 있지만, 정부의 애니메이션 제작투자 지원을 보면 조각조각 분산투자해 결국 연구하다 중단되고 마는 금액이다. 여기저기 눈치 보며 자금을 나눠주다 보니 완성까지는 터무니없이 부족한 지원금이 책정된다. 될 만한 작품을 선별해 집중 투자하면 〈아바타〉 같은 혁신적인 영화도 얼마든지 나올 수 있다.

나는 1990년대에 들어서면서 한국 애니메이션 업계에 직접투자를 시작했다. 애니메이션 업계에서 일하는 많은 젊은이들이 열악한 여건 속에서도 자신의 일을 너무나 사랑하는 것을 볼 수 있었다. 그래서 애니메이션 제작 투자는 물론이고 SICAF서울국제만화애니메이션 페스티벌 같은 만화, 애니메이션 전문행사에도 지원했다. 이런 행사를 통해 전문 인력들이 길러지기 때문이다.

2000년대 들어서는 전국적으로 대학에 만화나 애니메이션 관련 학과가 많이 늘어났다. 이 학과들에서 배출되는 졸업생 수만 해도 1년이면 수백 명에 달한다. '대학에 만화, 애니메이션 관련 학과가 많은데 어떻게 일자리를 만들어주나?'라는 걱정을 하게 된다. 난

대학에서 공부하지는 않았지만 왠지 모르게 그런 걱정을 한다. 작가나 크리에이터가 되는 소수의 인력을 빼면, 나머지는 관련 산업을 키우는 전문가들이 될 수 있다. 실제 만화학과나 애니메이션학과 출신 중에서 일러스트레이션에 재능이 있는 사람은 게임 업체에도 많이 취직한다. 그들이 학생 때부터 재능을 꽃피울 수 있도록 지원해준다면 더 많은 고급 인력들이 배출될 것이다.

좋은 추억을 많이 갖게 하는 것도 어른들의 몫이다. 나에게는 이렇다 하게 떠오르는 학창 시절의 추억 하나 없다. 학생들을 보면서 늘 부러워하며 살았다.

초등학교 2학년 2학기 때의 일이다. 그때는 시험을 '일제고사'라고 했다. 일제고사를 치르고 채점한 시험지를 받는 날이었다. 그런데 내 점수가 깎여 나왔다. 분명히 98점인데 96점으로 한 문제가 더 틀린 걸로 나왔다. 그래서 나는 "선생님!" 하고 당당하게 부르며 "점수가요~!"라고 말을 막 시작했다. 그 말이 떨어지기 무섭게 선생님은 "조용히 해."라면서 지휘봉으로 내 머리를 한 대 내리쳤다. 그걸 맞은 순간 머릿속 깊이 울린 '통~!' 소리가 뼛속까지 울려 퍼지는 것을 느낄 수 있었다. 멍하니 교실 바닥만 바라보며 풀이 죽어 더는 질문할 자신도 없었다.

그래도 내가 생활부장이었는데, 같은 반 학생들 앞에서 왜 그렇게 무안하던지. 특히 여학생들한테 더욱 창피해서 고개를 들고 다닐 수가 없었다. 담임선생님한테 그렇게 미움도 안 샀는데 그날은 왜 맞아야 했는지 몰랐다. 며칠이 지나 상장을 받는 날, 그 이유를 알았다. 얼마 전에 다른 학교에서 얼굴이 뽀얀 귀공자처럼 생긴 친구가 전학을 왔는데, 그 친구와 내가 우리반 공동 1등으로 우등상을 함께 받을 수 있게 하기 위한 것이었다.

그 뒤로 기가 죽어 지낸 기억이 있기에, 나는 직원들에게 화가 나는 일이 있어도 직원들도 그럴까 봐 많이 참는다. 그때 받은 충격은 지금도 지워지지 않는다. 어린 시절과 학창 시절에 좋은 추억을 많이 갖도록 해주어야 한다는 생각은 지금도 변함이 없다.

그래서 나는 이현세 교수가 있는 세종대학교 만화애니메이션학과 학생들을 지원하려고 노력하고 있다. 이현세 교수가 학생들을 가르치며 즐거워하는 모습을 보면 정말 보기 좋다. "학생들 가르치는 데 힘 안 들어?" 하고 물으면 그는 "학생들이 순수하고 착한 것 같다."라고 말한다. 그런 그가 학생들에게 좋은 추억을 많이 만들어 주고 싶다고 하기에, 몇 년 전부터 적은 액수지만 해외연수 장학금을 전달하고 있다. 이현세 교수가 선발한 우수한 학생들을 두바이와 일본 등으로 단기 연수를 보내기도 하고, 학생들에게 도움이 되는 이벤트를 만들어 장학금을 전달하기도 한다.

젊은 시절의 경험은 천금을 주고도 살 수 없다는 옛 어른들의 말씀이 옳다는 것을 살아오면서 두고두고 느낀다. 2008년에 세종대학교 학생들이 일본 교토로 취재 여행을 갔다. 일주일 일정으로 장학금 액수가 그리 크지 않아 편안한 여행이 되지는 못했겠지만, 학생들은 일본의 역사가 살아 숨 쉬는 교토 곳곳을 스케치해서 작품으로 만드는 임무를 잘 해냈다. 이들이 작가가 되고, 애니메이터가 되고, 게임 일러스트레이터가 될 날이 머지않았다. 2010년에는 학업 성적이 뛰어나고 가정 형편이 어려운 학생을 선정해 장학금을 전달했다. 이런 투자는 나로서도 정말 보람 있는 일이다.

말이 나온 김에 나의 친구 이현세에 대해 잠깐 이야기하고 싶다. 수많은 사람들과 친분을 쌓았는데, 그중에서도 가장 믿음이 가는 친구가 이현세이다. 서로 알게 된 기간은 오래됐지만 처음에는 건성이었고 지금은 진짜 친구가 됐다. 이현세 교수는 약속 시간에 약간 늦게 오는 게 흠이긴 하지만 사람은 정말 진국이다(이 부분은 이현세 교수가 안 봤으면 좋겠다.).

나는 다른 가족과는 거의 여행을 가지 않는데 이현세 교수 가족과는 제주도 여행을 두 번이나 같이 갔다. 정말 정이 많이 가는 사람이다. 친구를 떠나서, 젊은 시절부터 만화 하나 붙들고 지금은 한국을 대표하는 대중문화의 거봉이 된 이현세 교수를 존경한다.

내가 손오공 관계 회사에 처음 들어온 직원들을 만나면 하는 말이 있다. 어떠한 상황에서도 부모에게 효를 해야 한다, 효를 행하는 자는 친구를 배반하지 않는다, 그리고 인간적이어야 한다는 것이다. CEO가 인간적이지 않다면 그런 사람을 위해 돈을 벌어주면 안 된다고 본다. 그런 CEO라면 돈을 나쁜 곳에 쓸 수도 있고, 다른 사람에게 피해를 줄 수도 있기 때문이다. 그래서 나는 학력이나 능력, 기술은 인성 다음이라고 말한다. 명망 있는 기업의 CEO들이 비자금에 연루되었다는 뉴스가 터져나올 때면 가슴이 아프다. 하루아침에 불명예스럽게 무너지니 말이다.

나는 콘텐츠 사업을 해서 큰 기업으로 키우기가 쉽지 않다는 것을 안다. 하지만 누가 알아주지 않는다 해도 끊임없이 콘텐츠를 개발해나갈 것이다. 그래서 지구촌 사람들에게 기쁨과 행복을 전하는 창조 기업 손오공으로 거듭날 수 있도록 노력할 것이다.

지금은 영웅이나 애국자가 분명하게 드러나는 시대가 아니다. 1970년대, 1980년대에는 국산품을 쓰면 '애국'이고 외제를 쓰면 '매국'이라 규정했지만, 지금과 같은 글로벌 시대에선 국산품만 고집하는 게 애국이라 할 수도 없게 됐다. 우리 물건을 수출하는 만큼 외국 물건도 사용해야만 한다. 기업도 마찬가지다. 한국의 대기업이 해외에 큰 공장을 짓고 현지인들을 고용하고, 외국 기업들이 한국에 진출해 한국인들을 고용한다. 외국 기업들도 한국의 경제 부흥에 필요하다.

그러나 변하지 않는 사실 한 가지가 있다. 인력을 창출하는 사람이 애국자라는 사실이다. 재벌기업에 비하면 작은 것이지만 언제나 나는 기업가 정신으로 계속 투자한다. 어떤 상품이 됐든 개발에는 많은 시간과 고통이 따른다. 그래도 인내하고 미래지향적으로 기술 관리를 이어간다면 모든 것을 극복할 수 있다고 본다. 그런 목표에 충실한 기업이 있어야 그 기업을 중심으로 수많은 사람들이 행복할 수 있지 않을까.

내가 만약 나 개인을 위해 욕심을 부렸다면 지금 이렇게 살고 있지 않았을 것이다. 혼자 편하게 살자고 했다면 다른 사람처럼 빌딩을 짓고 임대사업 같은 걸 했어야 한다. 나를 걱정해서 조언해주는 사람들은 왜 있는 재산을 개발에 쏟아 붓고 고생을 하는지 모르겠다는 말을 한다.

사람들은 대개 재산이 많고 명예가 있는 사람들을 부러워한다. 하지만 세상에서 다양한 사람들과 어울려 산다는 것은 그게 전부가 아님을, 난 열세 살 때 사회로 나온 뒤 지금까지 보고 배우며 깨달았다.

훗날 내가 평가를 받는다면 부자가 아닌 창조적인 기업가로 기억되고 싶다. 창의성을 발휘해 사람들에게 꿈과 희망을 주는 일이 얼마나 소중하고 고귀한 일인지 알기 때문이다. 내가 맡은 자리가 비록 작고 힘들어도 내 역량을 뒷춤에 두지 않고 제품 개발과 인력 창출을 위해 투자할 것이다. 이것이 내가 아는 애국하는 방법이며 성공이다.

멈추지 않는 팽이

초판 1쇄 · 2011년 10월 5일
초판 4쇄 · 2011년 10월 17일

지은이 · 최신규
발행인 · 정은영
기획 · 장상용
책임편집 · 최향금
마케팅 · 서지석
디자인 · 여상우 이연숙
펴낸곳 · 마리북스
출판등록 · 제313-2010-32호

주소 · 서울시 마포구 서교동 407-26 우신빌딩 6층
전화 · 02) 324-0529, 0530
팩스 · 02) 324-0531
홈페이지 · www.maribooks.com
출력 · 스크린출력
찍은곳 · 한영문화사

ISBN 978-89-94011-23-3 13320